RESEARCH OF ULTIMATE CON
CORPORATE GOVERNANCE BE
INDEPENDENT INNOVATION OF
CHINESE FAMILY BUSINESS

我国家族企业

终极控制权及公司治理行为与自主创新研究

李大鹏

著

中国财经出版传媒集团

经济科学出版社

Economic Science Press

图书在版编目（CIP）数据

我国家族企业终极控制权及公司治理行为与自主创新
研究/李大鹏著 . —北京：经济科学出版社，2019. 3
ISBN 978 - 7 - 5218 - 0300 - 6

Ⅰ.①我… Ⅱ.①李… Ⅲ.①家族 – 私营企业 – 控制
权 – 研究 – 中国②家族 – 私营企业 – 企业管理 – 研究 – 中
国③家族 – 私营企业 – 企业创新 – 研究 – 中国 Ⅳ.
①F279. 245

中国版本图书馆 CIP 数据核字（2019）第 034869 号

责任编辑：谭志军 李 军
责任校对：刘 昕
责任印制：王世伟

我国家族企业终极控制权及公司治理行为与自主创新研究
李大鹏 著
经济科学出版社出版、发行 新华书店经销
社址：北京市海淀区阜成路甲 28 号 邮编：100142
总编部电话：010 – 88191217 发行部电话：010 – 88191522
网址：www. esp. com. cn
电子邮箱：esp@ esp. com. cn
天猫网店：经济科学出版社旗舰店
网址：http://jjkxcbs. tmall. com
固安华明印业有限公司印装
710 × 1000 16 开 14. 25 印张 200000 字
2019 年 4 月第 1 版 2019 年 4 月第 1 次印刷
ISBN 978 – 7 – 5218 – 0300 – 6 定价：50. 00 元
（图书出现印装问题，本社负责调换。电话：010 – 88191510）
（版权所有 侵权必究 举报电话：010 – 88191661
电子邮箱：dbts@ esp. com. cn）

　　本书的编写和出版，得到了"重庆工商大学2018年高层次人才科研启动项目"（项目名称为：我国上市家族企业终极控制权与投融资决策研究）的资助；得到了"重庆工商大学出版基金资助"；得到了重庆工商大学经济学院国际经济与贸易系"特色专业建设"和经济学院国际经济与贸易系的重庆市"双一流"的资助"；得到了2018年"重庆市社会科学规划博士项目"（项目名称为：基于终极控制权的中国上市家族企业投融资决策与盈余信息含量研究）的支持。

前　言

从理财学的发展来看，关于公司所有权和控制权相分离的假定一直是理财学发展的基础命题，并带来了财务理论的飞速发展。20世纪80年代以前的主流财务理论都是建立在所有权与控制权相分离这个基础命题之上的。但是，80年代以来，越来越多的研究表明所有权与控制权的这种分离并不是一个普遍有效的假定。拉·波塔（La Porta et al.，1999）发现，在全世界范围内，不仅存在着股权集中的现象，而且还存在着终极控制权，而其显著的特征则是存在着控制权和现金流量权之间的分离。拉·波塔开创性的工作使我们认识到在控股股东背后隐藏着终极控制人。具体到我国的上市家族企业中，也同样存在着前面学者们所提出来的两权分离的现象，那两权分离在我国上市家族企业中的程度如何，对公司的绩效、投融资决策及盈余信息含量会产生什么样的影响，本书将会给予解答。

家族企业是中国经济中的一支重要力量，而自主创新已成为家族企业乃至整个国家转型升级的必由之路。当前，我国正处于转型升级的关键期，家族企业作为中国经济的重要支撑力量，努力实现自身创新发展、推动国家转型升级，重任在肩。那么，如何促进家族企业的自主创新呢？公司治理机制是其中的有效途径之一，基于此，本书以家族企业为研究对象，分析了其公司治理行为和自主创新之间的关系。

本书共分为两个部分：第一部分，主要是对我国家族企业终极控制权与公司绩效、与企业非效率投资、与企业资本结构的关系进行了研究；第二部分，对我国家族企业公司治理行为与自主创新之间的关系进行了研究。

　　在本书编写过程中，参考了不少国内外有关文献，作者尽可能在资料来源和参考文献中予以列出，同时也对这些专家学者表示深深的谢意，但也有可能由于疏忽而没有指出资料出处，对此表示万分歉意。

　　由于时间比较紧张，加上作者的水平有限，书中肯定存在着不足之处和不当之处，所以恳请广大的读者们对此进行批评指正。

编　者

2018 年 12 月

目　录

我国家族企业终极控制权与
公司绩效、投融资决策的研究

第 1 章

绪　论

1.1　研究的背景与意义

公司控制权特别是终极控制权问题的研究已经成为目前公司治理研究领域的热点和难点问题。无论是发达国家还是发展中国家，家族企业都大量地存在着，并且在各国（地区）经济中拥有举足轻重的地位。根据有关学者的研究，由家庭所有或经营的企业占全世界企业的 65% ~ 80%。在我国，家族企业同样在国民经济中占有重要的地位，尤其是家族企业成为上市公司的一种越来越重要的组织方式后，正日益成为大家关注的焦点。许多学者通过实证研究发现，家族控制企业不失为一种富有成效的组织与管理方式。但同时，上市家族企业在公司治理方面也存在着诸多的问题，这需要在新的形势下进行审慎的思考和探索。因此，研究我国上市家族企业终极控制权也就显得十分必要。

1.1.1　研究的背景

家族企业是中国经济中的一支重要力量，而创新已成为家族企业乃至整个国家转型升级的必由之路。当前，我国正处于转型升级的关键期，家族企业作为中国经济的重要支撑力量，努力实现自身创新发展、推动国家转型升级，重任在肩。选择家族企业作为研究对象主要基于以下考虑：

1. 经过改革开放四十年的发展，我国一些家族企业在规模上和效益上都取得了长足的进步，越来越多的家族企业通过公开发行股票或者买壳上市等方式取得了上市的资格，已经发展成为我国证券市场上一个不容忽视的板块。但是随着家族控制的上市公司数量的快速增加，上市家族企业的各种治理问题也开始显现出来，并引起了广泛的关注。到目前为止，作为一般意义的上市家族企业还没有引起国内学术界应有的重视，现有的研究往往将上市家族企业和民营上市公司混合在一起，更多地在与国有上市公司治理结构和绩效的对比上。

2. 虽然目前我国上市家族企业在全部上市公司中以及所有家族企业中所占的比重都比较低，但是作为众多家族企业的佼佼者和我国资本市场未来的生力军之一，其对我国家族企业整体的发展和资本市场的健康完善起着积极的引导作用。

3. 相对于可以通过行政手段进行监管的国有上市公司来说，目前对于上市家族企业的监管是比较缺失的，监管当局的统计信息和相关性研究也表明，上市家族企业是比较容易发生公司治理丑闻的"重灾区"，因此相关研究具有较强的现实性。

4. 由于目前经济背景下意识形态的导向和法律制度不够完善等特征，我国家族企业信息透明度普遍较低，一般难以获得可用于实证研究的较高质量的样本数据，而上市家族企业公开披露的数据相对较为全面、可信且具有可比性，为相关实证研究提供了条件。特别是从 2004 年开始，我国上市公司被强制要求披露最终控制人的信息，为收集 A 股市场上市公司的信息提供了便利，数据的可靠性、可比性和全面性大大提高。

1.1.2　研究的意义

目前在我国，资本市场还不够完善，终极控股股东为了追求自身利益的最大化，设计出了符合自身的终极控制权结构，从而获得控制权私有收益。因此，通过对终极控制权结构效应的研究，能够进一步深入理解终极控股股东与中小股东之间的代理冲突问题。本书探究终极控制权结构对公司影响的整个过程，比较系统地分析了终极控制权结构对公司行为产生的影响，有助于确认上市家族企业终极控股股东对中小股东利益的侵占情况，为证券市场监管机构的政策制定及法律法规的建立健全提供实证参考，为完善和健全终极控制权结构效应的研究提供相应的理论依据。本书的研究结果给我国的资本市场提供了一个参考：从公司终极控制权结构的视角出发，考察上市公司的价值，完善现有的上市公司评价体系，有利于上市公司竞争力和价值的提升，从而促进我国资本市场健康有序的发展。

1.2 研究的概念

1.2.1 上市家族企业的概念

国内外代表性文献中对上市家族企业的定义如表 1.1 所示：

表 1.1 上市家族企业的定义

作者（时间）	期刊	研究对象	定义
安德森、曼斯和雷布（Anderson & Mansi & Reeb, 2003）	Journal of Financial Economics	美国	创业者或其家族持有上市公司超过临界比率的所有权
安德森和雷布（Anderson & Reeb, 2004）	Administrative Science Quarterly	美国	创业家持有超过临界比率的所有权；或者至少一位家族成员担任董事
巴龙蒂尼和卡普里奥（Barontini & Caprio, 2005）	European Financial Management	欧洲大陆11国	家族或自然人持有≥10%的现金流量权；且家族或者自然人持有≥51%的直接投票权或者投票权是第二大股东的两倍以上
巴特等（Barthe et al., 2005）	Journal of Corporate Finance	挪威	个人或家族持有≥33%的上市公司股权
克莱森斯等（Claessens et al., 2000）	Journal of Financial Economics	9个东亚国家（地区）	家族或家族集团持有上市公司的投票权≥5%

作者（时间）	期刊	研究对象	定义
法乔和郎（Faccio & Lang,2002）	Journal of Financial Economics	西欧 13 国	上市公司的最终所有者是家族、个人或匿名公司，且现金流量权或控制权≥20%
拉·波塔、西拉内斯和施莱弗等（LLSV et al.,1999）	Journal of Finance	27 个发达国家和地区	最终控制者是自然人或家族，且控制权≥10%
莫里（Maury,2006）	Journal of Corporate Finance	西欧 13 国	最终控制者是自然人或家族、自然人或匿名公司，且控制权≥10%
佩雷斯－冈扎莱亚（Perez-Gonzalea,2006）	American Economic Review	美国	两个以上具有血缘关系的家族成员担任董事、经理或持有上市公司股份；或者某一自然人持有超过 5% 的股权；或者创立者担任总经理或董事
维拉隆加和艾米特（Villalonga & Amit,2006）	Journal of Financial Economics	美国	创业者或者其家族成员担任公司经理或董事；或者直接持有≥5%的上市公司股权
苏启林（2003）	《经济研究》	中国	最终控制者是自然人或家族，并且直接或间接持有的公司必须是被上市公司第一大股东投资
申明浩（2008）	《经济研究》	中国	上市公司的第一大股东是自然人或家族
廖理（2008）	《经济研究》	中国	上市公司的终极控制者是家族或自然人
王明琳（2006）	《管理世界》	中国	最终控制者可以追溯到家族或自然人且控制权＞10%
谷祺（2006）姚瑶（2006）	《会计研究》《南开管理评论》	中国	终极控制权能归结到个人或家族成员的那些公开发行股票的上市公司

作者(时间)	期刊	研究对象	定义
陈凌(2009)	《浙江社会科学》	中国	最终控制者可以追溯到家族或自然人的上市公司,对最终控制者的最低控制权不作要求
冯旭南、李心愉和陈工孟(2011)	《金融研究》	中国	通过层层追溯所有权关系链的终极控制人,其家族或个人对上市公司的控制权达到10%
王淑湘(2012)	《浙江社会科学》	中国	最终控制人为自然人或家族的在A股市场公开交易的上市公司

在分析前文所述定义的基础上,笔者给出了一个作为本书研究基础的上市家族企业定义:上市家族企业就是指企业的终极控制权能归结到个人或其家族成员,最终控制权比例超过20%,并且这些自然人或家族是其实际控制者的企业组织形式。上市家族企业特别关注所有权或产权对于企业内部的其他权利的支配能力,虽然取得了股份公司的外形,但实际上其终极控制权仍属于一个家族所拥有。

1.2.2 相关终极控制权的概念

1. 终极控制人 (终极控股股东)

所谓终极控制人就是最后的控制人,其实是相对我们通常所说的控制人而言的,因此了解这两者的区别是理解终极控制人的关键。我们通常所说的控制人是仅仅针对所研究的单家公司而言的,控制人可以是个人、法人或者国家。正是由于存在法人这样一个所有者,才使得终极控制人的研究成为必要,因为法人也是公司,其同样存在着控制人,同样也是个人、家庭、法人或者国家,一直追溯下去直到存在这样的法人即其所有者是个人、家庭、国家和股权高度分散的公司(实际控制权在经理人手中)。

2. 终极控制权

终极控制权是指股权控制链条的最终控制者通过直接和间接持有公司股份而对公司拥有的实际控制权，表示股东控制上市公司的能力。控制权与投票权是相对应的，有多大的投票权就有多少控制权（包括直接控制权和间接控制权）。拉·波塔（La Porta，1999）中提到的"一股一权"中的"权"是控制股东实际的投票权，包括经由"直接持股"与"间接持股"取得的投票权，我们称之为终极控制权。按照拉·波塔等（1999）提出的计算方法，终极控制权比例等于每个终极控制人的控股链条中最小的持股比例，如有多条链条，则将各链条中的投票权加总。

其中，关于终极控制权的特征，主要有：

第一，终极控制权的控制是多层级的，即存在控制权层级。控制权层级是指从终极控制人到目标公司之间最短的控制链上的环节数。

控制权层级的增加。由于控制环节数的增多，中间控股股东数目增加，将削弱终极控制人的直接控制能力，使终极控制人控制权的变化对公司业绩存在着影响。同时，控制权层级的提高必然导致股权偏离幅度的提高，因此控制权层级对公司业绩的影响最终取决于对控制权和现金流量权偏离两个变量影响的幅度。此外，随着控制权层级的增加导致的中间控股股东数目的增加，使得公司不得不为其中这些或那些股东提供担保，公司对关联方提供担保的比例增大，而这些必然会影响到公司的业绩。

第二，终极控制人的控制权与现金流量权是不相等的，即存在着偏离。

其实第二个特征是由第一个特征所引起的，如果没有终极控制人的多级控制，就不会存在控制权与现金流量权的偏离。

一般来说，当终极控制人的控制权大于现金流量权时，其就可以用较少的现金流来实现对目标公司的实质性控制，从而产生侵害中小股东利益的强烈动机。如果通过转移上市公司资源所得的好处大于因现金流量权的存在而遭受的损失，终极控制人就有动机转移上市公司的资源，对中小股东实施掠夺，谋取控制权收益，此时，上市公司的业绩水平会下降。

上面说过，第二个特征是由第一个特征所引起的，所以第二个特征是终极控制权的最基本的特征。拉·波塔在研究过程中，试图找出不同国家的上市公司之间的终极控制人的控制权与现金流量权的偏离幅度，但是由于其所选择的样本的限制，结论并不明显。

3. 现金流量权

现金流量权是指上市公司股东通过付出的现金而取得的权力，有的文献也称为所有权。表示控股股东持有的股份所代表的在上市公司的利益关系，也表示该股东能从公司正常的经营利润中分得的份额。拉·波塔（1999）提到的"一股一权"中的"股"是控制股东资金投入后取得的实际股份，以现金流量为代表。按照拉·波塔等（1999）提出的计算方法，现金流量权比例是通过将终极控制人的控股链条中每条链条上的各个持股比例相乘得到，如有多条链条，则将各链条中的现金流量权加总。

4. 控制权比例

终极控制人的控制比例是以控制链上各个环节的最小值决定的，如果终极控制人是通过多条链条控制，则将各个控制链上的最小值相加。同时，由于我国上市公司的决策机制尚不民主，终极控制人可以通过占据关键管理职位的方式提高控制权，因此在衡量终极控制人的控制权比例时，也应考虑到其对关键职位的占用。

控制权比例是衡量终极控制人的核心变量。它衡量的是终极控制人对公司的实际控制能力。当控制权比例较低时，终极控制人对公司的实际控制能力将受到来自其他股东和利益相关者的约束，各个股东之间控制权相差不大，能够形成互相制衡。尽管此时将产生一定的代理成本，但相对来说还是有利于公司绩效水平的发展。当控制权比例加大时，终极控制人对公司决策的影响力也随之增大，在公司投资规模、投资方向、与关联方之间的交易、利益分配等方面的投票权比例提高，使公司能够向着有利于终极控制人的方向发展，终极控制人也有机会获得一定的私人收益。

当控制权比例超过一定范围后，如果终极控制人持有的产权比例也相应较高时，努力提高公司绩效也将成为最符合终极控制人利益的行为。此时，终极控制人也有能力对管理者进行约束，加之此时受到来自其他各方的阻力较小，因此能够进一步提高公司绩效。

5. 控制人性质

以我国为例，对现行的股权结构进行分类，按投资主体的不同一般分为国有股、法人股、普通股和外资股等。其中国有股为被中央政府、地方政府或全资国营企业持有的股份，其终极控制人是国家。法人股指企业法人或具有法人资格的事业单位和社会团体，以其依法可经营的资产向股份有限公司非上市流通股权部分投资所形成的股份。这些法人机构包括股份公司、非银行金融机构以及非独资的国营企业。

1.2.3　公司绩效的概念

里巴斯（Lebas，1995）认为，绩效是对能否成功地达成企业目标的一种衡量。绩效评价是对执行企业目标的有效性的评价。如波特、沃克尔和罗因（Ruebert，Walker & Roeing，1985）指出，绩效包含三个层次意义：效果、效率和适应性。温克崔曼和热玛亚尼杰姆（Venkatraman & Ramanunijam，1986）提出三类不同范围的绩效衡量：（1）财务性绩效。（2）企业绩效。除了财务性绩效之外，还包括运营绩效、市场占有率、产品品质、新产品导入、附加价值等非财务性的指标。（3）组织绩效。除了前两者外，还包括达成各种互相冲突目标以及各种关系的目标在内。杨国彬（2001）认为企业的经营绩效评价，指的是对企业一定经营期间的资产运营、财务效益、资本保值增值等经营成果进行真实、客观、公正的综合评判。刘志彪（2004）认为，绩效是企业经营者合理配置企业内外各种资源，有效达成企业目标的程度或表现。本书认为，财务绩效和市场绩效是公司绩效的两个关键组成部分。财务绩效就是指由企业公开的财务报告中通过构造一些财务比率来衡量企业经营成果的方式。而市场绩效则是以财务绩效为基础，又包含了市场对公司的评价，可以概括为企业财务绩效的市场反应。

1.3 研究方法、研究内容、概念模型和创新

1.3.1 研究方法

1. 在实证研究中采用大样本数据的统计分析方法。为了研究我国上市家族企业终极控制权分别与公司绩效、企业投资行为和企业融资行为的关系，需要收集大量的数据进行统计计量分析。

2. 实地调研法。在理论研究的基础上，对我国上市家族企业进行实地调研。

3. 文献分析法。详细收集国内外学者在上市家族企业终极控制权方面的文献，并跟踪国外学者在该领域的最新成果。

1.3.2 研究内容

1. **绪论**

分析了本书的研究背景、意义，对涉及本书研究对象的相关概念给予了界定，并介绍了本书的研究方法、研究内容、概念模型与创新之处。

2. **与本书相关的基础理论概述**

分析了与上市家族企业相关的两个理论、与终极控制权相关的四个理论及与公司绩效相关的三个理论。

3. **文献综述**

首先对国外学者对终极控制权研究的文献进行了综述，主要涉及 4 个方面的研究；其次对国内学者对终极控制权研究的文献进行了综述，主要涉及八个方面的研究及对终极控制权下上市公司的信息透明度的研究等；最后对国内外学者对终极控制权的研究进行了评述。

4. **我国上市公司终极控制人行为对公司绩效的影响**

从我国上市公司终极控制人的经营行为、投资行为和融资行为分析其对公司绩效的影响。

5. **我国上市家族企业终极控制权特征对公司绩效影响的定性关系**

从有关终极控制权特征的九个方面定性分析对我国上市家族企业绩

效的影响,具体如下:控制权持有比例特征(或股权集中度)、控制权实现路径特征、控制权实现方式特征、家族控制权内部结构特征、现金流量权、家族对公司管理参与度、地域差异、两权分离度、董事长和总经理两职合一等。

6. 我国西部地区上市家族企业终极控制权与现金流量权分离的实证研究

从西部地区上市家族企业的现金流量权、终极控制权、现金流量权与终极控制权的分离程度、控股方式等方面与企业价值的关系进行了实证分析。

7. 我国上市家族企业终极控制权与公司绩效的实证分析

从我国上市家族企业终极控制权、现金流量权、两权分离度与公司绩效的关系、所持限售股比例越高时,两权分离度对公司绩效的负面影响等方面对我国上市家族企业终极控制权与公司绩效的关系进行实证分析。

8. 我国上市家族企业终极控制权与企业非效率投资的实证分析

从上市家族企业投资与自由现金流的关系、上市家族企业投资现金流敏感度与过度投资的关系、上市家族企业投资对现金流的敏感度及其对过度投资的作用、上市家族企业投资现金流敏感度特征及两权分离对企业投资现金流敏感度的影响等方面对我国上市家族企业终极控制权与企业的投资关系进行实证分析。

9. 我国上市家族企业终极控制权与资本结构的实证分析

从静态和动态两方面的角度分析上市家族企业两权分离度与资本结构的关系。静态分析侧重于上市家族企业终极控制权、两权分离度与债务期限的关系;动态分析侧重于上市家族企业现金流量权、终极控制权及两权分离度与资本结构调整速率的关系。

10. 重庆上市家族企业发展情况及对策分析

主要从三个方面进行:分析重庆上市家族企业发展的基本情况;重庆上市家族企业发展中存在的主要问题;增强重庆上市家族企业发展能力的对策建议。

11. 主要结论及未来研究展望

对本书的主要实证研究的结论进行总结,并指出本书存在的不足及未来研究的展望。

1.3.3　概念模型

具体如图 1.1 所示：

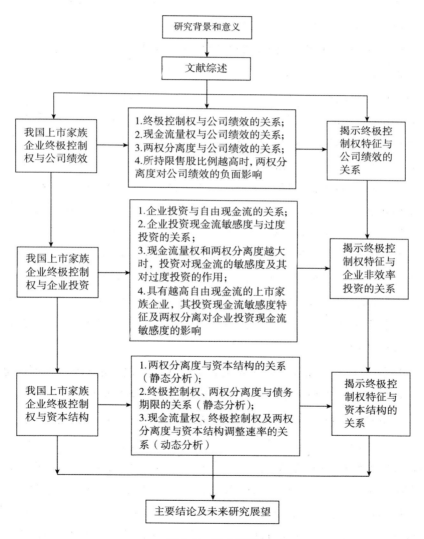

图 1.1　概念模型

1.3.4 创新

本书以我国上市家族企业终极控制权为研究对象，从实证的角度分析了我国上市家族企业终极控制权与公司绩效、与企业非效率投资决策、与企业资本结构之间的关系。目前，国内学者对有关我国上市家族企业终极控制权的研究还不多见，本书的创新如下：

1. 本书在对相关终极控制权指标的设定上做出了重大改进

在以往对终极控制权的研究中，终极控制人的现金流量权、终极控制权和两权分离度是最常为学者们采用的三大核心指标。其中，第三个核心指标即两权分离度是根据前两个核心指标即现金流量权和终极控制权计算得出的结果，所以，现金流量权和终极控制权的界定则决定了论文研究的准确与否。以往的文献显示，绝大多数研究将现金流量权设定为第一大股东的现金流量权或者前五大股东的现金流量权等。本书对此做出修正，认为终极控制人构建的终极控制权结构往往带有一定的隐蔽性，终极控制人对企业的控制实际上是以终极控制人为核心的一致行动人对企业的控制。这种修正使得相关终极控制权的数据更加真实，进而能够更加准确地显现出终极控制人的控制权特征。将终极控制人的终极控制权和现金流量权设定为相关终极控制人及其一致行动人的总体数据，填补了相关上市家族企业终极控制人及其一致行动人终极控制权结构特征的数据空白。

2. 国内已有的研究相关上市公司治理对融资决策的影响大都集中在对企业资本结构选择的影响上，其研究局限于静态的角度

本书认为，随着内外部诸多因素的改变，上市公司的融资决策过程是一个会相应做出改变的动态过程，则上市公司的资本结构也会是一个向目标资本结构调整的动态过程。所以，本书在分析了对上市家族企业融资决策的静态影响之后，进一步实证分析了对上市家族企业融资决策动态调整的影响，并在分析方法上做出了一定的创新，本书基于系统GMM估计方法对终极控制权的影响分析进行了动态化的延伸，拓展了现有的研究。

3. **资本结构与债务期限结构是公司融资决策的两大关键因素，但是目前对资本结构研究得比较多，对债务期限结构研究得比较少，也少有学者关注上市家族企业终极控制权控制和债务期限决策之间的关系**

本书认为，不同期限的债务会直接影响上市家族企业的债务成本、自由现金流量、代理成本和内部人私有收益等，上市家族企业需要对债务期限做出合理的选择。因此，本书在分析了上市家族企业终极控制权对资本结构的影响之后，进一步实证分析了上市家族企业终极控制权对债务期限决策的影响，并使用上市家族企业的短期债务占总债务的比重来衡量其债务期限结构。

第 2 章

基础理论概述

2.1 与上市家族企业相关的理论

2.1.1 交易费用理论

现代企业理论认为，企业是多种生产要素所有者追求自身利益最大化而达成的"一系列契约的组合"，是个人之间交易财产权的一种方式，而构成这一系列契约的核心就是产权，即隐含的前提是签约人必须对自己投入企业的要素（包括实物资本和人力资本）拥有明确的财产所有权。企业理论的假设前提是有限理性和信息不对称，分析基础是契约关系，分析概念是交易费用，引入不确定性、资产专用性和机会主义行为等一系列重要概念，分析如何形成企业契约以及达到所有权安排最优。

以科斯定理（Coase Theorem）为基础，现代企业理论可分为交易费用理论和代理理论。两者都是从产权及其契约关系入手的。交易费用理论侧重于研究企业与市场的关系，后者则将目光投向研究企业内部的权力结构与代理关系，两者的共同之处在于他们都是以"一系列契约的组合"这一共同思想企业契约为切入点，并都特别强调企业所有权的重要性，因此，两者又可统称为"企业契约理论"。交易费用理论又可细分为两支：间接定价理论和"资产专用性"理论。

间接定价理论以罗纳德·科斯（Ronald Harry Coase，1937）、张五常（Steven N. S. Cheung，1983）、杨小凯（1994）和黄有光为代表，其核心内容是认为企业能够降低市场直接定价成本（即我们所说的市场交易费用）。交易费用是为完成交易所必需的度量、界定和保证产权、搜寻交易伙伴和交易价格谈判、订立交易合约、执行交易和监督违约的行为并对之制裁、维护交易秩序的各种费用的总和。可以把交易费用看做是一系列制度成本之和，包括信息成本。拟定和实施契约的成本，界定和控制产权的成本，监督管理的成本和实施契约的成本。科斯指出，决定企业的出现和运转的关键是交易费用的存在，交易费用理论的主旨就在于通过各种制度安排，尽量减少交易费用。交易费用的节约就是按照交易费用最小化的原则，市场和企业选择最佳的交易协调方式，企业和市场被认为是交易制度的主要形式。科斯认为企业是一种行政协调机制，能够发挥市场协调机制的职能，故而它们之间可以相互替代，我们通常将企业称为市场中"另一只看得见的手"。张五常发展了科斯的企业理论，他主要是从要素市场替代中间产品市场的角度出发，认为企业和市场仅仅是两种不同的契约安排形式，企业并非是为取代市场而设立的，两者的区别仅仅是用要素市场取代产品市场或者说市场的交易对象是产品或商品，而企业的交易对象是生产要素，实现了"一种合约替代另一种合约"。

"资产专用性"理论的代表人物有约翰·威廉姆森（John Williamson，1975）、劳伦斯·克莱因（Lawrence R. Klein，1978）、格罗斯曼和哈特（Grossman Sanford & Hart Oliver，1986）、哈特和摩尔（Hart. Oliver & Moore. J，1990）。威廉姆森和克莱因（Williamson & Klein，1991），从交易双方投资的特异性以及资产专用性的角度分析了存在机会主义的可能性，同时提出了企业作为长期契约的有效性。他们认为"资产专用性"和相关的机会主义行为是影响交易费用的主要因素。威廉姆森认为交易费用的大小取决于交易的性质，而交易性质主要表现为资产专用性、不确定性和交易次数，交易费用中的绝大部分来自机会主义行为带来的直接成本，以及事前为防止机会主义行为而花费的成本。资产的高度专用性容易形成垄断，带来机会主义行为，提高合约谈判及其执行的难度，而如果在企业内部安排交易，就可以大大降低交易费用，不确定性越高的交易发生的频率越高，也就需要更高的监督和履约费用。他们认为，

— 17 —

在连续生产过程中，一系列不完全契约所构成的要素形成"纵向一体化"（verticalintegration），也就是企业，它能够在不完善契约条件下减少或消除资产专用性所造成的机会成本。格罗斯曼和哈特（Grossman Sanford & Hart Oliver，1982）、哈特和摩尔（Hart. Oliver & Moore. J，1990）等人在讨论契约所有权的最优安排时，从企业契约的不完备性出发，提出不完全契约理论。在资本家看来，由于投入资本后形成高度专用资产，他们就成为了最大的风险承担者，因此他们应有权决定剩余索取权，决定专用性资产的投资，承担相应的风险同时享有主要的剩余索取权，有利于刺激专用性资产的投资，这样的产权安排对整个社会福利来说具有帕累托改进的性质。交易费用的提出实际上是为了解决企业外部产权结构安排问题。作为市场交易过程中的法人产权主体，企业直接参与交易过程，参与签订合同。合同类型的差异将导致交易费用大小的不同，合同类型主要是由企业法人的产权性质决定的。由此得出结论，影响交易费用的因素是最终产权。当交易费用大于零时，清晰界定产权可以降低经济活动中的交易费用，进而提高经济效率。

2.1.2 产权理论

西方产权理论学说在中国得到了广泛关注，其合理性在于继承和发挥了经济学的科学视角，把产权制度视为经济运行过程中的内生变量，探讨经济制度变迁的规律及对经济发展和运行效率的作用，同时又注重对物物交换背后人与人之间经济关系的研究。借用西方产权经济学的观点来解释中国会计问题，逐渐形成了中国会计学产权学派，为我国会计学的发展注入了一股新鲜力量。资源配置的核心目标就是效率最优化，而现代企业财务的根本目标是价值增值。现代财务与现代产权在资源配置功能上存在着天然的相似性。

奈特（Knight，1921）首次把企业财产权利和产权制度联系起来，隐含赋予了产权理论以所有权和控制权两方面的含义。阿尔钦（Alchain，1976）认为，"产权是一个社会所实施的选择一种经济品的使用的权利"，产权不仅是指一般的物质实体，还指是人们对物的使用所引起的相互认可的行为关系，它是用来界定人们在经济活动中如何受益、如何受损以及如何进行补偿的规则。德姆塞茨（Demsetz，1964）认为，"产权包括一个人或其他人受损或受益的权利"。产权理论对"产权"（property rights）有三种定义：（1）产权是排他性地使用资产并获取收益的权利；（2）产权就是剩余收益权，强调了其激励作用；（3）产权是剩余控制权（residual rights of control）形成的资产使用权利，强调了剩余控制权与剩余收益权的统一。产权是一种通过社会强调而实现的对某种经济物品的多种用途进行选择的权利。一般而言，产权是一束针对某一对象的权力束，包括对这一对象的使用权、收益权、决策权以及处置权。产权既可以是一个抽象的概念，又可以是一个物化的概念。一般地，由于产权的权利约束中的各个权力归属对象不同，从而可以产生不同的产权表现形式，如私有产权、社区产权和公有产权等，这样分类的目的是因为在不同的产权结构下产权赋予了一定的条件限制，从而表现出产权性质的一些差异（阿尔钦，1976）。

　　格罗斯曼和哈特（Grossman Sanford & Hart Oliver，1982）发展的剩余控制权理论为更深入地分析提供了一个共同的理论基础，米格罗和罗伯茨（Milgrom & Roberts，1992）则用剩余控制权统一定义财产所有权和企业所有权。周其仁（1997）甚至直截了当地把排他性使用企业资源的决策权定义为企业控制权。产权特别是剩余控制权的配置对一个企业来说是极为重要的，它可以在合约不完备的情况下向相关主体提供激励。剩余控制权是一种占有权，是允许所有者拒绝不支付所有者要求的价格的人使用它的资产，从而使得所有者能够获得并保有资产的剩余收益。企业所有权包括剩余索取权（residual claim right）与控制权，是产权内涵的延伸，但又独立于财产所有权。财产所有权是订立合约的必要前提，企业所有权则是它的真实内容或客体。两者的对称性是现代产权的内在要求。剩余索取权是财产权中的收益权在企业治理结构中的延伸；而控制权则是控制给定财产的占有权、使用权和转让权的行使权利。张维迎（1996）强调了财产所有权与企业所有权的区别，但忽视了它们之间的内在联系，从而也就难以说明企业所有权安排与利益相关者之间的关系。

产权理论和不完全契约理论认为，合同的不完全性导致产权安排的重要性，才需要公司治理结构和所有权的合理安排，健全的产权应该是剩余控制权与剩余收益权相统一的产权。

产权理论的另外一个重要分支是研究竞争环境问题的"超产权论"（beyond property right argument）学派。实践表明，产权只是内部治理结构优化的必要条件，而不是充分条件，产权结构的形式并不决定企业效率的提高和治理结构的优化。于是，"超产权论"学者以产权理论为出发点，以竞争理论为基础，强调竞争环境对于企业效率的重要作用，这是对产权理论的扬弃和发展。超产权理论认为，产权结构问题所关注的核心在于哪种产权结构能够真正使得市场交易成本内在化和如何有效地在企业内部进行监督与激励。现代产权理论的一个重要贡献是区分了产权与物权的不同含义（杨瑞龙和周业安，1997）。产权就是使一个人或其他人受益或受损的权利，它只有在不同的所有者之间发生利益关系时才有意义。而物权仅仅是指法律赋予某人拥有某物的排他性权利，它可以在纯粹法律意义上存在。两者的差别性表明产权的行使将受到某种限制。

2.2 与终极控制权相关的理论

2.2.1 两权分离理论

亚当·斯密对所有权与控制权的分离（即两权分离）有所研究，其认为公司的两权分离将不利于公司的经营发展。亚当·斯密指出，当公司两权分离时，公司的经营绩效将无法得到保障，因为在大多数情况下，公司经营者会将个人利益放在公司利益之上。托斯丹·凡勃伦（1924）的研究拓展了两权分离的问题，在其出版的《企业理论》中，托斯丹·凡勃伦提出了缺位者所有权的概念，他认为公司资本可视为社会资本的一种表现形式，公司所有权即为缺位者所有权。同时，公司的缺位所有者所有权与公司经营管理权相分离。缺位所有者不参与公司管理，也不拥有公司的经营管理控制权,而只是依靠公司资本来实现利润。托斯丹·凡勃伦也指出,公司管理者的能力在公司的无形资产中是最重要的。所以,托斯丹·凡勃伦实质上是将公司的控制权由公司资本垄断者移交给经济工程师。经济工程师致力于如何通过提高技术效率并增加产出,而资本垄断者的目的是追求利益的最大化。他们将两权分离问题转化成了对追求效率的经营管理进行控制的问题。这种研究方法在学术研究上有着重大的突破。

伯利和米恩斯(Berle & Means,1932)认为,随着公司管理者经营控制权的加大,损害公司资本所有者利益的威胁也会随之而增加。即使公司的管理者并不能真正占有公司,但许多事实证明了这种威胁的存在。公司资本的控制者将一部分契约控制权授予董事会,董事会随之在保留部分权利后将剩余部分再授予公司的管理者。这个多层逐级分权授予的过程即为两权分离的过程。两权分离是社会化发展的产物,也是公司股东成本收益对比的必然结果。前者是指:在社会不断发展的过程中,随着公司规模的扩大,公司的资本增加需求也将随之增长。但是过多的股东人数则会导致公司股权结构的混乱。所以在公司发展的过程中,经营管理专业化程度的提升和生产技术的精细化、复杂化为职业经理人的发展提供了机会。后者是指:随着公司规模的不断扩大,两权分离成了必然的结果。随着公司股东数量的增加,就使得公司的决策成本也相应地增加,如果要走如下的流程:即了解实际情况——沟通交流——统一意见——做出一致的决定,这将耗费巨大的交易费用,且具体实施起来也非常困难。从另一角度来看,对于股东而言,由控股股东决策所带来的价值是一样的,因为即使股东监督管理为公司带来了价值,但单个的股东也只能按其所持有的股权来分配相对应的收益,而决策人如控股股东则须承担全部的决策成本,所以就存在着股东之间"搭便车"的问题。非常重要的一点是,公司两权分离是通过公司的逐级分层授权来实现的,而每个契约可以是不同的,这将要涉及下文所要讨论的委托代理理论。同时,两权分离也引申出对公司经营控制权应用的激励和约束问题。

2.2.2　委托代理理论

委托代理理论，是信息经济学的一个分支，是在非对称条件下的经济分析中发展起来的，它集中研究如何设计一个补偿系统（一个契约）来驱动另一个人（他的代理人）为委托人的利益行动。在委托代理理论中，委托人—代理人关系泛指任何一种涉及非对称信息的交易，而在交易中具有信息优势的一方被称为代理人，另一方则称为委托人。那么终极控股股东就属于代理人，而中小股东则是委托人，两者之间构成委托代理关系。因此，该理论认为委托代理问题产生的原因从一般意义上讲就是因为委托人和代理人之间的利益不一致和信息的不对称。委托代理理论有一个较为严格的数学模型，以此来研究非对称信息下的激励模型和监督约束机制。

公司治理实质上要解决的是因所有权和控制权相分离而产生的代理问题，或更简单地说，它要处理的是公司股东与公司高层管理人员之间的关系问题。从更广泛的意义上说，公司治理结构是用以处理不同利益相关者即股东、贷款人、管理人员和职工之间的关系，以实现经济目标的一整套制度安排。而近期的研究则表明，大多数集中于外部人如何约束内部人。代理问题的实质是所有权与控制权的分离，而所有权与控制权的分离意味着重要的决策机构并不承担它们决策所产生的财富效应的后果，即决策功能和风险承担功能发生了分离。

委托代理关系是指委托人委托代理人根据委托人的利益从事某些经济活动，并相应授予代理人某些决策权的契约关系，这种契约关系主要是一种经济利益关系。基于现行的"多数表决原则"的制度安排，中小股东行使表决权所体现的意志，根据资本多数决定原则往往被大股东的意志所征服，持有多数股权的控股股东将通过在股东大会上对公司重要决议行使其强大的表决权，或通过影响董事长、总经理等经营管理者直接或间接行使实质控制权。同时，一方面，由于多数中小股东不拥有控股股东的治理资源，因而这些中小股东缺乏成为控股股东的能力；另一方面，由于不进行任何附加投入亦可分享由控股股东治理而带来的"搭便车"收益,投入的约束与"搭便车"收益的诱导致使控股股东之外的中小股东群体保持在一个相对稳定的状态。由此,终极控股股东与中小股东之间便形成了基于控制收益与"搭便车"收益的分歧和整合基础之上的委托代理关系,作为受托人的控股股东的激励条件是获得控制收益,作为委托人的中小股东的激励条件是"搭便车"收益,两者之间通过"多数表决原则"而构成了委托代理契约。

鉴于以上分析,可以从两方面来考虑控股股东对公司治理效率的影响,在两者之间找到一个最佳的平衡点。由于现金流量权和控制权二者的比例不同,会对控股股东的监督动力和剥夺动力造成不同的影响,需要确定一个合适的控股股份,使公司治理效率在此二者的综合作用下达到一个最佳的状态,在此最佳状态下公司价值也达到了最大化的状态。

2.2.3 控制权私有收益理论

关于控制权私有收益对公司行为的重要性,经济学家们早在 1964 年就有论述,随着经济学家们进一步对控制权私有收益理论的研究,他们明确将控制权带来的额外收益定义为控制权私有收益。

当股权变更出现了新的控股股东之后,会产生两种控制权收益:控制权公共收益和控制权私有收益。一方面,控制权公共收益主要表现为控股股东通过加强公司管理,提高产品质量和服务质量,降低内部交易成本以及产品和服务的成本等方式,改善公司的经营绩效,公司效益的提高由全体股东获得和分享;另一方面,控制权私有收益主要表现为终极控股股东利用公司内部信息为大股东获取超额利润,转移公司资源以及利用大股东的特权方式侵害中小股东的利益。

一般认为,控制权私有收益的存在会影响到终极控股股东对公司治理的效果。由于控制权私有收益的存在,终极控股股东的角色就具有了两重性:即解决委托代理问题的激励效应和满足自身利益的侵害效应。两种力量的较量最终会达成一种均衡:终极控股股东的出现降低了管理层的委托代理成本,但又会产生控制权私有收益的代理成本。当管理层的委托代理成本大于控制权私有收益成本时,非控股股东才会希望终极控股股东的出现。

大股东参与公司治理，对公司的经营活动有监督的动力，因此大股东在公司中相对于中小股东而言属于有信息优势的一方，而中小股东由于持股比例较少，股少言轻，在公司信息披露不足或者大股东故意隐瞒信息的情况下，中小股东几乎无法获得公司经营决策的真实信息。这样大股东与中小股东之间就可能存在利益的冲突，这种冲突主要来自大股东通过多种手段以获取控制权私有收益为目的的侵害行为。在信息不对称的条件下，存在着终极控股股东的上市公司就有可能出现侵害中小股东的问题。

当然，控制权私有收益并非就一定降低中小股东的收益，控制权私有收益也并非一直是低效率的。由于大股东获取控制权私有收益的形式各异，因此对中小股东所造成的影响也存在着不同。例如，公司和大股东控制的关联公司进行的公允价格下的关联交易就不必然损害公司的利益，甚至可能还会为公司带来不菲的收益。另外，一些控制权私有收益的获取可能会给大股东带来激励，但并不会损害其他中小股东的利益。例如，大股东在实现对公司的控制权后，可以实现一种心理上的满足效用。如果这种心理效用是大股东通过其辛勤工作、苦心经营而得到的社会尊敬，那么，这种控制权私有收益就是一种不会损害其他中小股东利益的控制权私有收益。

2.2.4 利益相关者理论

该理论认为，股东与供应商、承销商、员工和客户等利益相关者一样，与企业的发展和生存关系密切。这些利益相关者为企业分担着经营风险，必要时还为公司的经营活动做出较大的投入，正是这些利益相关者的投入才有着公司的产出，所以，他们有权利分享企业的所有权，企业的契约中也应注明包含他们的利益。在公司的经营过程中，这些利益相关者尤其是公司的员工，很可能会代表分散股东的利益行使与企业所有权相关的权利与职责。总之，企业的生存与可持续发展需要这些利益相关者的大力投入。当公司遇到经营状况不良甚至破产的情况时，也应补偿这些利益相关者所遭遇的损失。该理论强调公司的所有权和控制权应该更多地向这些利益相关者倾斜，反对公司的股东是独裁者。该理论也强调，公司的经营管理者应该考虑将更多的权利给予这些利益相关者，而不是以股东的利益为唯一的考虑对象，比如，可以让这些利益相关者进入董事会从而增加他们的所有权和对公司的控制权等。

基于终极控制权结构的四个理论回顾，可以得知：由于所有权和控制权的分离，公司形成了委托和代理的关系，因为委托人和代理人之间的利益不一致和信息不对称，就可能存在着终极控股股东侵害中小股东利益的问题，从而产生控制权私有收益，所以，应增加公司利益相关者的所有权和控制权。

2.3　与公司绩效相关的理论

2.3.1　所有权理论

所有权学派通过对公司制度结构的分析得出一个核心观点：所有权明晰是公司绩效的关键或决定性因素。对于所有权明晰的解释又分为所有权归属决定论和所有权结构决定论，即所有权法律归属上的明确界定和所有权的有效配置或所有权结构上的优化配置。

所有权与公司绩效的关系有值得肯定的方面，所有权明晰作为提高公司绩效的功能是通过明确界定人们在公司财产上发生的经济利益关系来驱动公司对成员的利益激励机制，从而提高员工努力水平和公司绩效。但就所有权归属来说，随着社会化大生产的发展和公司财产组织形式的演变，公司所有权归属出现了多元化、混合化的趋势，由此导致公司所有权归属变得更为模糊，因此不能说所有权明晰是决定公司绩效的关键。就所有权结构或配置来说，合理搭配公司剩余索取权与剩余控制权，优化公司所有权结构，划清公司所有者与经营者之间的责权利关系，是提高公司绩效的必要条件。所有权理论局限在公司的"契约"层面上讨论绩效问题。所有权变动可以生成、启动公司内部利益激励机制，从而有可能提高公司经营者的努力水平与公司绩效，但所有权变动只是公司内部治理结构优化的必要条件，而非充分条件，因此所有权明晰对于提高公司绩效的作用是相对的。

2.3.2　超产权理论

经济学家针对各类公司私有化后的经营成效做了综合广泛的比较后发现：公司效益与所有权的归属变化没有必然关系，而与市场竞争程度有关系，市场竞争越激烈，公司提高效率的努力程度就越高。经济学家的研究也表明：公司效益主要与市场结构有关，即与市场竞争程度有关。变动所有权并不必然带来公司治理结构的优化和公司绩效的提高，因此他们提出了超产权论和竞争理论。

超产权论认为所有权激励只有在市场竞争的前提下才能有效地刺激经营者提高努力与投入程度，增进公司绩效。公司绩效与所有权归属变化没有必然关系，它主要取决于市场结构和市场竞争程度。市场竞争对于所有权激励具有放大器的功能，市场竞争越激烈，公司提高效率的努力程度就越高。很明显，超产权论把竞争作为了对公司内部人实施有效激励的一个基本因素。这是因为变动所有权归属没有给公司创造生与死的抉择，仅仅是改变了公司形式上的激励机制，这种形式上的激励机制的改变并不能保证公司绩效一定能够提高。在解释公司绩效方面，超产权论将市场结构与公司所有权制度及其由之决定的公司治理结构结合起来分析公司绩效的方法，较之所有权理论更具有内在逻辑和更具现实感。但超产权论同样具有其局限性，其认为改变所有权归属于公司绩效没有必然联系。该理论在弱化所有权明晰功能的同时，既失去了现代公司理论所重视的"契约"观点的重要支撑，也没有牢固的生产理论相呼应，而过分强调市场竞争在公司绩效中的决定性作用，因此超产权理论也存在不可忽视的片面性。

2.3.3　竞争发展理论

竞争发展理论认为竞争导致了效益对公司的直接影响，如果没有竞争，高效益公司就不会发展，低效益公司也不会被淘汰，结果公司没有积极性去提高经济效益。竞争理论阐明决定竞争的基本因素有三个：一是公司的目标利益是否具有对抗性；二是短期违约利益与长期合作利益比较，前者大于后者有利于竞争；三是公司之间的非对称性。竞争理论否定了在市场中只有私有公司占主导时才能发展竞争的观点。换言之，创造竞争与公司所有权归属无关。在市场竞争比较充分的条件下，一个公司只有比竞争对手更努力，才能在竞争中取胜，其取胜的核心竞争力是其基本的生产能力水平。竞争发展理论的片面性在于狭隘地理解公司的本质与公司核心竞争力，把公司的核心竞争力仅归结为技术能力，由此忽视了体制能力体系在决定公司绩效中的应有作用，因此竞争发展理论分析公司绩效也并不完整。

第 3 章

文献综述

3.1 引言

拉·波塔（1999）开创了终极控制权研究的先河。针对全世界 27 个富有经济体进行研究，并首次沿着所有权的链条追溯出谁拥有最大的投票权，以 20% 投票权为最终控制形态划分标准、以各国最大公司为研究样本，结果发现，除了美国、英国及日本显示出较高程度的股权分散比率外，大多数国家的公司都存在着唯一的终极控制股东，其中有 17 个国家和地区是以家族为最主要的控制形态，而投资者保护制度较不完善的 11 个国家和地区显示出较高的家族控制比率，而且其控制形态大多集中在家族或政府手中，并且终极控制股东的控制权会超过现金流量权，从而得到与他所持股份比例不对称的额外收益。以东亚四个国家和地区而言，日本与韩国显示出有较高程度的股权分散比率，中国香港地区则大都由家族控制，而新加坡则有半数以上被政府所控制。

3.2 国外学者对终极控制权研究的文献综述

此后在拉·波塔（1999）研究的基础上，各国学者对终极控制权的研究不断深入。主要集中在以下几个方面：

3.2.1 对终极控制权状况的研究

克莱森斯（Claessens，2000）参考拉·波塔（1999）的研究方法，探讨东亚9个国家公开上市公司的股权结构，结果也发现东亚上市公司的家族控制是一个广泛的现象，且多数企业的经营层同时被终极控股股东所参与和控制，控制家族往往通过构造金字塔型的股权结构、以较少的现金流量权来实施对公司的超额控制。

法乔（Faccio，2002）分析了13个西欧国家上市公司的终极所有权结构和控制权结构，将终极控股股东分为以下六类：（1）家族；（2）股权分散的金融机构；（3）政府；（4）股权分散的公司；（5）交叉持股；（6）其他（如信任投票、职工持股、外国投资者）。研究发现，16.93%的公司是典型的股权分散的公司，44.29%的公司被家族所控制。股权分散在英国、爱尔兰更为普遍，家族控制在欧洲大陆更为普遍。交融结构和大公司更可能是股权分散的，而非交融和小公司更可能是家族控制的。在特定国家中，政府控制对大公司很重要。双重股份和金字塔结构被大股东用于加强其对公司的控制。

安迪和戈德候姆（Atting & Gadhoum，2003）研究发现，81.78%的加拿大公司存在终极控股股东，而且终极控股股东现金流量权和控制权相分离。叶等（Yeh et al.，2001）发现中国台湾地区上市公司的终极控股股东主要是通过金字塔股权结构与交叉持股方式来加强其对上市公司的控制。克洛克维斯和尼尔森（Cronqvist & Nilsson，2003）分析了瑞士上市公司的面板数据，发现终极控制权更多地存在于家族控股企业，其数量大约是其他类企业的1~2倍。

3.2.2 对终极控制权下终极控股股东侵占中小股东利益的研究

拉·波塔（1999）和克莱森斯（2000）发现，有许多上市公司的终极控制股东会透过金字塔结构、交叉持股与互为董事会等形式而达到控制公司的目的，并因此造成控制权与现金流量权偏离一股一权的不合理现象，并使得其所掌握的控制权超过其拥有的现金流量权，在此情况下，终极控制股东即可能通过利益转移和掏空公司等资产方式，侵占小股东的财富，并产生道德风险与逆向选择的相关代理成本。

丹尼斯和麦康内尔（Denis D & J J Mcconnell，2003）研究认为，在法律体系不尽完善的国家，终极控制股东不仅可以向公司委派管理人员，还可以采用关联交易掏空公司。丹提（Dante，2007）实证分析了巴西地区的股权结构发现，终极控股股东的控制权与公司的业绩（用资产回报率表示）负相关，这表明终极控股股东侵犯小股东利益的情况确实存在。

3.2.3　对现金流量权、终极控制权与企业价值的关系的研究

克莱森斯（1999）对9个东南亚国家或地区2568家上市公司的研究发现，所有权与企业价值正相关，控制权与企业价值负相关，所有权与控制权的分离与企业价值负相关。休斯（Hughes，2009）发现，终极控制人的存在会降低公司价值，两权偏离度与公司价值负相关。贝布楚克和特兰提斯（Bebchuk & Triantis，2000）发现，公司的现金流所有权和控制权显著分离时不仅产生大量的代理成本，更重要的是会降低公司的价值。

随后，克莱森斯（2000）又对东亚8个国家和地区的上市公司进行了研究，发现伴随公司终极控股股东控制权的增加，公司的价值会下降；所有权与控制权的分离度越大，这种负相关效应就越明显。林斯（Lins，2002）研究发现，大股东控制造成了控制权与现金流量权的高度分离，构成东亚新兴市场国家和地区企业的一个重要特征。当终极股东控制权超过现金流量权时，将导致公司市场价值下降。

施莱弗（Shleifer，1997）和麦康内尔（Mcconnell，1990）在美国资本市场背景下检验发现，股东持股比例同企业价值是非线性关系：一方面股东股权比例的增长会促进企业价值的增长，但增长的速度递减；另一方面，当股东实现了对公司的有效控制后，随着控制权和股权之间差距的扩大，将导致企业价值下降。这意味着大股东的控制有两种效果，达到超级控制前，更接近于"利益趋同效应"，实现超级控制后，更容易产生"利益侵占效应"。

马尔奇卡（Marchica，2005）以英国非金融类上市公司为样本，研究发现，终极股东现金流与控制权偏离对公司价值产生负面影响。丹提（2007）实证分析了巴西地区的股权结构发现，终极控股股东的控制权

与公司的业绩（用资产回报率表示）负相关，金字塔结构及无投票权股与大公司的业绩显著负相关。

3.2.4 对终极控制股东控制下的资本结构的研究

施图兹和连姆·丹恩（Stulz & Liam Dann，1998）的研究证实了债务融资不会导致大股东控制权的稀释，从而有利于大股东以较少的投资来控制公司。

法乔（2001）提出，在对投资者保护较弱的情况下，在亚洲金字塔式的公司里，子公司增加的负债不能约束控制性股东的剥削行为，因为负债能被其他子公司循环担保、在被审计时能通过集团内贷款或转移定价转移给其他子公司，而且如果子公司是通过隐蔽的控制网络建立的，甚至对债务的违约也不会损害控制性股东的声誉。相反，子公司增加的负债却为控制性股东的剥削行为提供了便利，负债增加了控制性股东对公司更多资源的控制和对中下股东的剥削。

杜菊兰（Julan，2005）研究了在终极控制人存在下对资本结构的选择的影响，并将其归为两点，即负债的股权非稀释效应和资产转移效应。还发现在中国台湾地区上市公司的现金流量权与表决权之间的偏离程度越高，越容易采取较高的负债比例，存在负债的股权非稀释效应。

3.3 国内学者对终极控制权研究的文献综述

刘芍佳、孙霈和刘乃全等（2003）是国内研究终极控制权最早的学者。在2003年，上述学者从股权结构入手，揭开了终极控制权研究的序幕。从2003年至今，国内学者的研究主要集中在以下几个方面：

3.3.1 对终极控制权、现金流量权与企业价值的关系的研究

国内研究的焦点主要集中在四个方面：

1. 上市公司是否存在着两权分离

目前，国内绝大多数学者认为我国上市公司存在着终极控制权与现

金流量权的分离。这不仅存在于国有上市企业中，通过金字塔结构等方式使其终极控制权与现金流量权产生偏离（叶勇等，2007），也存在于民营上市企业（张欣哲等，2012）和上市家族企业中，且两权分离程度更大（苏启林和朱文等，2003）、（张华、张俊喜和宋敏，2004），或者家族控制公司比政府控制公司具有更高的两权分离系数（李善民等，2007）。甚至，我国家族上市公司现金流量权与控制权的分离率为62%，并且此分离程度在东亚为最高（谷祺、邓德强和路倩，2006）。

2. 终极控制权与上市公司绩效的关系

目前，我国学者基本上认为，我国上市公司的终极控制权与公司绩效存在着负相关关系（谷祺、邓德强和路倩，2006）（许永斌和郑金芳，2007）（许永斌和彭白颖，2007）（石水平和石本仁，2009）（汤小华，2008）（张天阳和李丹，2009）（刘锦红，2009）。并且，终极控股股东的控制权有负的侵占效应（王鹏和周黎安，2006），或终极控制股东对上市公司存在"堑壕效应"（杨淑娥和苏坤，2009），从而降低了上市公司的绩效。

3. 现金流量权与上市公司绩效的关系

（1）现金流量权与上市公司绩效正相关。目前，较多的学者认为，现金流量权与公司绩效显著正相关（朱滔，2007）（许永斌和彭白颖，2007）（陈德球和高丽，2007）（杨淑娥和苏坤，2009）（张东宁，2011）。家族上市公司的现金流量权对公司价值具有较强的激励效应（刘阳和罗时宇，2012），或者现金流量权具有正的激励效应（王鹏和周黎安，2006）。

（2）现金流量权与上市公司绩效负相关。我国也有部分学者认为，我国家族上市公司现金流量权比例与公司绩效负相关（谷祺、邓德强和路倩，2006）（刘锦红，2009）或显著负相关（马连福、陈德球和高丽，2007）。

（3）现金流量权与上市公司绩效存在着倒U型关系。同时，也有部分学者认为我国家族上市公司现金流量权与公司绩效存在着倒U型关系（郑丹凤和刘朝马，2010）（冯旭南等，2011），最终现金流量权则与掏空呈现"U"型曲线关系,而掏空的行为会导致家族上市公司绩效下降(王淑湘,2012)。

(4)现金流量权与上市公司绩效相关性不强。我国也有部分学者甚至认为家族上市公司现金流量权与公司绩效相关性不显著(王鹏等,2006)(胡科和张宗益,2010)。

4. 两权分离与上市公司的价值(绩效)的关系

总体上看,国内绝大多数学者认为我国上市公司两权分离与公司价值负相关(苏启林和朱文,2003)(张华、张俊喜和宋敏,2004)(谷祺、邓德强和路倩,2006)(叶勇等,2007)(许永斌和彭白颖,2007)(朱滔,2007)(杨淑娥和苏坤,2009)(张耀伟,2009;2011)(沈炳珍和熊芳,2011)(张东宁,2011)(刘阳和罗时宇,2012)。且随着两权分离程度的增加,公司绩效将下降(王鹏和周黎安,2006),同时,家族控制公司比政府控制公司具有更高的分离系数和更复杂的金字塔结构,整体上家族控制公司比政府控制公司绩效更差(李善民等,2007)。

从总体上看,国内绝大多数学者认为我国上市公司两权分离与公司价值负相关。

3.3.2 对终极控制权下终极控股股东侵占中小股东利益的研究

主要研究集中在以下几个方面:

1. 终极控股股东侵占中小股东利益的方式和影响因素

(1)方式。我国较多学者认为,上市公司的最终控制人通过控制董事会,从而采用关联交易、转移利润、同业竞争等办法侵占其他股东的利益(赖建清和吴世农,2004),而许多民营上市公司的最终控制人主要通过关联方担保、关联方资金占用和上市公司与关联方的商品购销活动来侵占小股东的利益(王力军,2006)。控制权与现金流量权的偏离度越大,终极控制人越倾向于通过掏空性的关联交易来转移上市公司的资源(程仲鸣,2011)。

同时,我国上市公司的终极控股股东普遍运用公司控股、金字塔结构和交叉持股的方式获取控制权，并因此而使其控制权与现金流量权产生偏离，且偏离幅度越大，终极控股股东对小股东剥削的程度就越大，其中又以终极控股股东为家族企业的上市公司最为严重（张详建等，2005；叶勇等，2007）。所以，在此基础上，家族大股东有动机、也有机会通过多元化经营侵占少数股东的利益（苏勇和张军，2012）。我国民营上市公司的实际控制人也存在利用多元化经营侵占中小股东利益动机，并倾向于采用以较低控制层级实现较高控制权与现金流量权分离度的方式实现对上市公司的控制（顿曰霞和薛有志，2007）。

（2）影响因素。第一，股权结构。从股权集中度角度看：内部股东集团比例增加会强化侵占效应的激励（武立东、张云和何力武，2007）；终极所有者所持有的现金流量权越小，其对企业的掏空越严重（韩志丽等，2006）。

从股权制衡度的角度看：我国上市公司金字塔股权结构内部制衡机制直接影响到终极股东侵占行为（陈红等，2012），内部制衡机制越强，抑制终极控股股东的侵占行为的效果越显著（张欣哲等，2012）。不管是国有企业还是私营企业，实际控制人的持股比例都会影响股东的"隧道行为"，外部股东能够有效抑制国有企业和私营企业的"隧道行为"；管理层持股会影响国有企业的"隧道行为"，对私营企业却没有影响（黄俊等，2012）。

从股权性质的角度看：国有控股上市公司中，控股股东背景的董事会比例与剥夺行为发生概率呈正相关，在民营控股上市公司中，剥夺行为发生的概率与控股层级正相关、与两权分离负相关（王斌和何林渠，2008）。且控制性股东对上市公司的资金侵占随着控制链的增长而趋于严重，这种情况在非国有控股的上市公司中表现得更为明显（王烨，2009）。

第二，资本结构。控制权私人收益侵占水平与资产负债率显著正相关，与企业规模显著负相关，与控股股权转让比例存在不稳定的正相关关系（雷星晖等，2012）；处于金字塔底层的公司资产利润率越低，终极所有者越倾向于对其进行掏空（韩志丽等，2006）。

2. 终极控股股东侵占中小股东利益的计算方法

叶勇等（2006）研究比较了计算上市公司大宗股权转移价格差异的控制权溢价方法、投票权差异的控制权溢价方法和 ST 累计超常收益率方法，计算了我国上公司终极控制股东控制权收益。葛敬东（2006）探寻在股票价格和控制权的作用下现金流量权对于限制剥夺的临界比例数值，进一步清晰地度量终极股东持有的现金流量权比例对于其剥夺的约束程度。雷星晖等（2012）采用控股股权转让与非控股股权转让的溢价差来度量控制权私人收益的方法，实证研究发现，我国家族上市公司的控制权私人收益水平达到了 30.56%。

3. 抑制终极控股股东侵占中小股东利益的途径

（1）内部途径。一些学者从公司治理的内部机制入手，提出了一些建议，如：股权融资偏好和减少债务融资以摆脱对"隧道行为"约束的效应明显（肖作平，2012）；董事会结构中外部董事比例的增加会抑制终极控制人的侵占效应行为（武立东、张云和何力武，2007）；独立董事的存在确实能抑制终极控制人的掏空行为（孙健，2008）；第二大终极控股股东的存在在一定程度上降低了第一大终极控股股东对目标公司的控制权，能够对第一大终极控股股东两权偏离带来的掠夺行为起到一定的约束监督作用（蒙立元和王丽娟，2012）。

（2）外部途径。加强对投资者保护的力度和强化上市公司的信息披露是制约最终控制人利益侵占行为的两个重要方面（吕长江和肖成民，2006）；应鼓励自然人直接持股上市公司、加强对关联交易的监管、更为重要的是，必须改善公司外部治理环境，尤其是法律对投资者权益的保护，从而从根本上杜绝民营上市公司及其最终控制人对小股东的侵害行为（王力军，2006）；对上市公司应进行分类分级监管（申明浩，2008）；外资股东的存在能有效地约束家族终极控制者的隧道输送行为（孙健，2008）；机构投资者不仅能从源头抑制实际控制人实施掏空的动机，还能弱化实际控制人实施掏空的程度（文志涛和唐婉虹，2010）；治理环境的改善有利于抑制家族控制人的掏空动机（冯旭南等，2011）；治理环境越好，控制权私人收益越低（万立全，2011）；为保护中小股东的权益不受侵占，应完善公司治理结构，规范信息披露制度，并加强对上市公司大股东的监管（陈红等，2012）；较高的现金流量权能够有效制约终极控制股东通过扩大负债融资获取私有收益的行为（苏坤，2012）；设立战略委员会亦有缓解代理冲突、获取控制权及控制权收益的动机（汤志强，2012）；等等。

4. 终极控制权和现金流量权的偏离与利益侵占的关系

国内学者对此的研究结论比较一致，终极控制人会通过手中的控制权进行利益侵占，且终极控制权和现金流量权的偏离度越大，利益侵占的动机越强，利益侵占行为越严重。

终极控制股东通过持有上市公司的终极控制权，可以获取控制权的私有收益（黄雷、叶勇和杨芸芸，2009），终极股东的控制权越大，利益侵占的水平就越高（蔡卫星和高明华，2010）；在控制权超过现金流量权的情况下，终极控制股东会利用手中的控制权"掏空"上市公司（肖作平，2012）。

5. 从终极控制人的属性分析终极控股股东对中小股东利益的侵占

国内学者对此的研究结论也比较一致，国家终极控制的上市公司的利益侵占程度要低于私人终极控制的上市公司的利益侵占程度，如：私人终极控制的上市公司中资金占用规模显著高于国家终极控制的上市公司；集团控制的上市公司中资金占用规模显著高于非集团控制的上市公司（黎来芳、王化成和张伟华，2008）；中央政府控制的上市公司被控股股东掏空的总程度最小，地方政府和自然人控制的上市公司被控股股东掏空的总程度没有显著差异（刘运国和吴小云，2009）；相对于国有控股股东，非国有最终控制人有更强的激励通过建立较长的控制链，达到占用上市公司资金的目的（王烨，2009）；政府控制公司的控制权私人收益小于非政府控制公司的控制权私人收益（万立全，2011）。

并且，家族控制企业在一定程度上有侵害其他股东的动机和具体行为；成系企业加大了家族控制股东侵害少数股东权益的概率和程度（陈晓红、尹哲和吴旭雷，2007）；越是资本家控制型的公司，家族通过关联交易剥削中小股东的可能性就越大；控制权与现金流量权产生偏离，且偏离幅度越大，终极控股股东对小股东剥削的程度就越大，其中又以终极控股股东为家族企业的上市公司最为严重；对于家族所控制的上市公司，终极控制权与现金流量权的分离确实可以影响到大股东的隧道输送行为，但对于政府终极控制的上市公司，此效应并不明显（张学勇和欧朝敏，2010）；私营企业股东的隧道行为程度要强于国有企业（黄俊等，2012）。

3.3.3 对终极控制权下上市公司的资本结构的研究

1. 终极控制权、现金流量权与资本结构的关系

终极控股股东两权分离程度与资本结构显著正相关。较高的现金流量权能够有效制约终极控股股东通过扩大负债融资获取私有收益的行为，终极控股股东现金流量权对其两权分离程度与资本结构间的关系具有显著的调节作用（苏坤和张俊瑞，2012）；终极控股股东的控制权和现金流量权与受控公司资产负债率显著负相关。这表明，在受控民营上市资本结构决策中，终极控股股东控制比例越高，股权融资给终极控股股东带来的控制权稀释风险越低，终极控股股东偏好股权融资；终极现金流量权比例越低，终极控股股东承担的债务破产风险越小，终极控股股东偏好债务融资（韩亮亮和李凯，2007）；终极控股股东控制权一致性与总资产负债率、流动负债率显著正相关，终极控股股东控制权/现金流量权偏离度与总资产负债率、流动负债率显著负相关（韩亮亮和李凯，2008）；两权分离度与债务期限结构负相关；法律制度环境的改善在一定程度上减缓了第一大股东与债务期限结构的负相关关系，却加剧了两权分离度与债务期限结构的负相关关系（王凯凯和陈伟，2010）；终极控制权和所有权的分离程度越大，负债融资的比例越高；在治理环境不完善的地区，这一特征尤其明显（冯旭南，2012）；存在终极控制的上市家族企业，随着终极控制权和现金流量权分离程度的增加，更愿意采用负债融资；并且我国上市家族企业不倾向于短期债务，而更愿意采用长期债务，来实现其非金钱收益（周颖，2011）；终极控股股东的现金流量权负相关于公司债务融资成本，而两权分离度则与其呈正相关关系

（王育晓等，2012）；现金流量权与债务水平正相关；控制权与债务水平负相关；控制权和现金流量权的分离度与债务水平负相关；控制权超过现金流量权的公司具有显著低的债务水平；董事会成员中终极控股股东派出的董事越多的公司具有相对多的债务水平（肖作平，2012）；终极控股股东的控制权越大，公司越具有显著低的长期债务水平；终极控股股东的控制权与现金流量权分离度与公司债务期限显著负相关；终极控股股东在上市公司中指派高管与公司债务期限显著负相关（苏忠秦和黄登仕，2012）；两权分离程度与公司负债水平呈正相关关系；而金字塔结构越复杂，上市公司将从集团内部融入越多的资金（周颖等，2012）。

从总体上看，大部分学者认为终极控制权和现金流量权的分离度与上市公司债务水平及与债务期限负相关。

2. 终极控制人性质与资本结构的关系

在我国，终极控制人控制上市公司进行债务融资是为了通过举债获得可控制的资源；相对于国有的终极控制人，民营的终极控制人的上述动机更加明显（孙健，2008）；国有企业性质的终极控制人所控制的上市公司长期负债比例偏高。政府终极控制人的行政级别越低，企业长期债务比例越高。在终极控制人通过复杂组织结构方式间接控制的上市公司中，终极控制人的不同产权性质及不同行政级别对上市公司长期债务选择的影响更加显著（刘志远、毛淑珍和乐国林，2008）；与非国有控股公司相比，国有终极控股股东通过扩大负债融资获取私有收益的动机相对较弱，其两权分离程度对资本结构的正向影响也相对较小（苏坤和张俊瑞，2012）；家族式控制公司中，两权分离度与债务融资成本正相关，其控股股东会弱化两权分离造成的"壕沟效应"；国有式控制公司中，两权分离度与债务融资成本负相关，其控股股东会加剧两权分离造成的"壕沟效应"（王育晓等，2012）；终极控股股东是国有上市公司的债务水平显著低于终极控股股东是民营等非国有的上市公司（肖作平，2012）。

从总体上看，大部分学者认为国有控股的上市公司比非国有控股的上市公司通过扩大负债融资获取私有收益的动机相对较弱；于债务水平，前者也低于后者。

3.3.4　对终极控制权下上市公司的股权结构的研究

1. 终极控制人属性现状

我国上市公司的股本结构仍然是国家主导型的（刘芍佳等，2003）；我国上市公司存在着三种终极控制股东，即政府、一般法人和家族企业（叶勇等，2005）；我国上市公司的所有权结构高度集中。境内法人直接控制了绝大多数上市公司，国家和境内自然人更多地通过境内法人对上市公司实施间接控制，从而成为上市公司最重要的终极所有者，上市公司的终极所有权结构与直接所有权结构存在明显差异（甄红线和永东，2008）；上市公司分为国家控制和非国家控制两类。国家控制分为国资委控制和国资委以外的其他政府部门控制，非国家控制包括民营企业控制等（万立全，2010）；东亚8个经济体（日本除外）和中国都表现为集中的终极所有权结构，东亚8个经济体（日本除外）的终极所有权结构主要表现为家族控制的特点，中国则表现为政府控制的特点（甄红线，2011）；我国上市公司终极所有权高度集中，国家和私人是第一和第二大终极控制人，他们通过间接持股的方式实施对企业的最终控制（李伟和于洋，2012）。

总体上看，大部分学者认为我国上市公司终极所有权高度集中，表现为股本结构仍然是国家主导型或政府控制型。

2. 终极控制人属性与公司绩效的关系

我国上市公司的股权结构与公司绩效密切相关（刘芍佳等，2003）；终极控制权比例与国有控股公司绩效经营现金流量比率（CFOA）、市值账面价值比（M/B）呈显著的倒U型关系，而与传统绩效指标经净资产收益率（ROE）、资产收益率（ROA）无显著关系，在非国有终极控股公司中不存在上述关系。流通A股比例与公司绩效关系不确定（杨忠诚和王宗军，2008）；中央政府、地区政府和县级政府终极控制人控制的涉农上市公司能够产生负面的治理效应，降低了公司价值；省级政府终极控制人控制的涉农上市公司则产生了正面的治理效应，提高了公司价值

（毛世平和吴敬学，2009）；自然人或民营企业最终控制对企业绩效具有显著的正面影响，而国家控制的实业公司最终控制对企业绩效具有显著的负面影响（谢梅和郑爱华，2009）；国资委控制的公司价值优于国资委以外的其他政府部门控制的公司价值（万立全，2010）；国有控股公司的股权结构集中度与公司绩效负相关；而民营控股公司的股权结构集中度与公司绩效呈 U 型曲线关系（李志辉和段明明，2010）；家族控股股东比例与公司绩效呈显著的三次曲线关系（毕艳杰和赵秋梅，2010）。

目前，国内学者对终极控制人属性与公司绩效的关系没有统一的定论。

3.3.5 对终极控制权下上市公司的现金股利行为研究

1. 终极控制权、现金流量权与现金股利行为

终极控制权结构影响着上市公司的股利政策的制订，真正影响现金股利支付的是终极控制人的控制权和现金流量权（杨颖，2010）；当最终控制股东具有高的现金流量权时，更倾向于派发现金股利，分配的现金股利比率也更高（朱滔和王德友，2007）；终极控制人现金流量权越大，越倾向于分配现金股利而且股利支付水平也越高（闫华永，2010）；现金流量权比例越大，派发现金股利的概率和水平也越大；现金股利的支付率随着最终控制人控制权比例的增加呈先减少后增加的 U 型变动（宋玉和李卓，2007）；上市公司的控制权与上市公司股东获得的现金股利呈显著正相关关系（黄雷、李明和叶勇，2012）；终极控制人的现金流量权和控制权的比例越高，股利支付水平显著越高（王毅辉和李常青，2010）；控制权、现金流量权与现金股利支付倾向及支付力度显著正相关（王敏和李瑕，2012）。

两权分离度对现金股利总支付水平为负向影响；控制链条数无影响（王毅辉和李常青，2010）；两权分离度与现金股利支付力度显著负相关（王敏和李瑕，2012）；终极控制权和现金流量权分离度越高，其现金股利分配倾向和分配力度越低（王化成、李春玲和卢闯，2007）；两权分离程度越小，派发现金股利的水平就越高（宋玉和李卓，2007）；当最

终控股股东具有低分离系数（控制权/现金流量权）的所有权结构时，更倾向于派发现金股利，分配的现金股利比率也更高（朱滔和王德友，2007）；终极控制人的两权分离度越低，越倾向于分配现金股利而且股利支付水平也越高（闫华永，2010）；

总之，控股股东性质及两权分离情况均对我国上市公司股利政策有重要影响（赵洋和陈旭东，2012），并且，大多数学者认为终极控制人的现金流量权和控制权与现金股利支付水平正相关，而两权分离度与现金股利支付水平负相关。

2. 终极控制人性质与现金股利行为

终极产权性质影响着上市公司的股利政策的制订，终极产权性质影响终极产权性质股利支付水平（王毅辉和李常青，2010）；国家控股上市公司分配倾向和分配力度显著低于民营控股上市公司；控股股东具有集团控制性质的上市公司其分配倾向和分配力度显著低于没有集团控制性质的上市公司（王化成、李春玲和卢闯，2007）；金字塔结构较复杂、终极控制人具有集团性质时，现金股利支付倾向与支付力度较低；现金股利支付倾向受终极控制人产权性质影响（王敏和李瑕，2012）；最终控制人性质为政府尤其是地方政府时，上市公司派发现金股利的概率和水平更高（宋玉和李卓，2007）；非国有控股的上市公司倾向发放更少的现金股利（雷光勇和刘慧龙，2007）；国有控股企业比非国有控股企业支付更多的现金股利（黄雷、李明和叶勇，2012）。

总体上看，大部分学者认为国有控股的上市公司比非国有控股的上市公司支付更多的现金股利。

3.3.6 对终极控制权下上市公司的投资行为研究

1. 终极控制权、现金流量权与非效率投资行为

非效率投资分为投资不足与过度投资，我国学者多集中于对后者的研究，且基本上认为终极控制权与现金流量权的分离会导致过度投资。

控制权与现金流量权分离度对过度投资有显著为正的影响（赵卿和刘少波，2012）；在确保控制权的情况下，终极所有者持有的现金流量权越小，其过度投资越严重（韩志丽、杨淑娥和史浩江，2007）；现金流量权、最终控制权均对过度投资有抑制作用；最终控制权与现金流量权分离时，最终控制人倾向于过度投资以实现"隧道效应"（彭文伟、冉茂盛和周姝，2009）；正自由现金流易导致过度投资（程仲鸣和夏银桂，2009）；我国上市公司内部现金流与投资之间显著正相关，过度投资能够更合理地解释这种投资现金流敏感度；终极控股股东的现金流量权与投资现金流敏感度负相关，具有抑制过度投资的"利益趋同效应"；终极控制权与所有权的分离与投资现金流敏感度正相关，表明两权分离使得终极控股股东有能力和动机侵占上市公司利益，加剧过度投资。较少的现金流能够有效地约束终极控股股东的利益攫取，抑制过度投资（孙晓琳，2010）；终极股东的现金流量权越低，越有增加固定资产、无形资产和股权并购的资本投入，以及削减 R&D 投资的动机；终极股东自利动机下的投资选择，不仅降低了整体的资本配置绩效，而且导致投资结构的异化（郝颖、李晓欧和刘星，2012）。

2. 终极控制人性质与投资行为

相对于中央直属上市公司，地方政府控制的上市公司表现出强烈的过度投资倾向（安灵、刘星和白艺昕，2008），终极控制人为国有性质的企业比终极控制人为非国有性质的企业更易过度投资（张栋，2009）；相对于私人控股，政府控股公司过度投资更严重（赵卿和刘少波，2012）；在地方政府控制的公司中，正自由现金流更易导致过度投资；随着持股比例的增加，控股股东与中小股东利益趋于一致，可以抑制过度投资行为，而地方政府作为控股股东，减弱了持股比例上升带来的积极治理作用，产生了溢出效应（程仲鸣和夏银桂，2009）；随着现金流量权的降低，地方企业集团的固定资产投资规模和增速增大，地方资产公司的股权投资增长趋势更为强劲；民营终极股东自利动机对无形资产投资的影响不显著（郝颖、李晓欧和刘星，2012）；上市公司的政府控制性质在弱化管理层激励、抑制过度投资作用的同时，还会强化控股股东两权分离对管理层激励效应的负面影响（杨兴全等，2012）；超额控制程度较高的家族企业，偏离最优投资决策，降低公司投资股价之间的敏感度。而较高的地方政府治理水平会提高投资股价敏感度。进一步研究发现，家族超额控制降低投资——敏感度的动机在地方政府治理水平较差的家族企业中更为显著，并且会降低投资对公司业绩的贡献程度（陈德球等，2012）。

总体上看，大部分学者认为终极控制人为国有性质的上市公司比终极控制人为非国有性质的上市公司更易过度投资。

3.3.7 对终极控制权下上市公司的盈余管理研究

1. 终极控制权、现金流量权与盈余管理的关系

有学者发现，终极控制权比例是影响上市公司盈余管理的重要变量（罗正英和吴昊，2007）；终极控制人在上市公司的现金流量权与控制权均与上市公司盈余管理幅度呈倒"U"型关系。终极控制人在上市公司的现金流量权与控制权的分离程度越大，上市公司盈余管理幅度越大（高燕，2008）；控制性家族控制权偏离现金流量权的程度越大，公司盈余管理幅度越高（刘伟和刘星，2007）；较高的现金流量会产生利益趋同效应，从而提高盈余信息含量；而控制权与现金流量权的偏离则会降低盈余信息含量。同时，控制性家族在上市公司任职与盈余信息含量显著负相关（王俊秋和张奇峰，2007）；线上项目盈余管理程度与两权分离度显著正相关，终极控制人更倾向于通过隐蔽性更强的线上项目进行盈余管理（徐宗宇、邵清芳和陈维良，2012）；上市公司终极控制人的两权分离程度越高，会计盈余稳健性越低（樊慧、胡奕明和龙振海，2012）；终极控制人控制权比例越高，盈余管理幅度越大；股权制衡度越高，正向盈余管理幅度越小（黄雷、齐振威和叶勇，2012）；两权分离程度以及金字塔控制层级与上市公司盈余管理程度显著正相关（高巍婷，2012）。

同时，也有少数学者结合股权分置改革进行了研究，例如，袁振超和王生年（2010）发现，股权分置改革之前，现金流量权与盈余质量显著负相关；股权分置改革之后，现金流量权与盈余质量显著正相关。终极控制权与盈余质量变现为显著的负相关。两权分离度和控制链层级在

总体上显著降低了盈余质量。

总体上看，大部分学者认为两权分离度与盈余管理正相关。

2. 终极控制人性质与盈余管理的关系

有学者发现，上市公司的终极控股股东对企业盈余可靠性有重要影响（邵春燕，2010）；不同终极产权性质的上市公司利用非货币性交易方式进行盈余管理（罗正英和吴昊，2007）；当控股股东持股在50%及以下时，更多关联交易追求控制权私有收益，结果降低了盈余质量；当控股股东持股超过50%时，偏好通过关联交易获取控制权共享收益，最终提高了盈余质量（佟岩和王化成，2007）；终极控制人为非国有身份时，上市公司盈余管理程度更大。终极控制人为非流通股的上市公司盈余管理程度显著大于流通股。终极控制人间接控制的上市公司盈余管理程度显著大于直接控制的情况。终极控制人发生变更阶段，上市公司运营目的和行为更复杂，盈余管理程度更大（高燕，2008）；国有终极控制的样本公司的盈余质量好于私人终极控制的样本公司（袁振超和王生年，2010）；当终极控制人性质为非国有时，终极控制人更有动机通过线上项目进行盈余管理（徐宗宇、邵清芳和陈维良，2012）；国有上市公司由于受到政府的"照顾"，正向盈余管理动机显著小于非国有上市公司（黄雷、齐振威和叶勇，2012）；当终极控股股东为非国有身份时，上市公司盈余管理程度更高（高巍婷，2012）。

总体上看，大部分学者认为非国有上市公司的盈余管理程度大于国有上市公司。

3.3.8 对终极控制权下上市公司的信息透明度研究

1. 终极控制权、现金流量权与信息透明度的关系

总体来说，控制权和现金流量权的分离程度越大，公司的透明度越低（李丹蒙，2008）；终极控制权和现金流量权的分离增加了终极控制股东攫取控制权私利的动机和能力，并进而影响了上市公司的信息披露策略和透明度。上市公司信息透明度与终极控股股东控股权和现金流量权的分离程度显著负相关（王俊秋和张奇峰，2008）；终极股东的控制权与会计透明度显著负相关，表现为"利益侵占效应"；终极股东的控制权与现金流量权的分离加重了其利益攫取行为，并且两权分离程度越高，会计透明度越低（朱雅琴等，2011）；家族控股企业现金流量权对信息披露质量有显著为正的影响，现金流量权与控制权的分离度对信息披露质量有显著为负的影响（向锐、章成蓉和干胜道，2012）；控股股东控制权比例越高的上市公司，信息披露显得越可靠和及时；控股股东现金流量权比例越高，即其特殊资产卷入程度越高，越有可能卷入信息操纵（唐跃军等，2012）。

总体上看，大部分学者认为两权分离度与信息透明度负相关。

2. 终极控制人性质与的信息透明度关系

相对国有控股公司，控制权和现金流量权的分离对于民营上市公司的信息披露影响更为明显（李丹蒙，2008）；与国有控股上市公司相比，民营上市公司终极控制权和现金流量权的分离程度更加严重，其主动提高透明度的动机更少，信息透明度更低（王俊秋和张奇峰，2008）；中央上市公司实际控制人的控制权、现金流量权同信息披露透明度显著正相关；地方上市公司实际控制人的控制权、现金流量权同信息披露透明度显著正相关，控制层次同信息披露透明度显著负相关；民营上市公司实际控制人的控制层次、控制权与现金流量权的分离程度同信息披露透明度显著负相关（徐向艺和宋理升，2009）；相对非国有终极股东而言，国有终极股东控制的上市公司，会计透明度较高（朱雅琴、姚海鑫和宋悦铭，2012）。

总体上看，大部分学者认为国有上市公司的信息透明度高于非国有上市公司。

3.4 对国内学者终极控制权研究的评述

国内终极控制权研究起步相对较晚，虽然取得了一定的成果，但是还可能存在着如下的不足：

第一，公司绩效指标的选择。业绩指标的设计过于单一，考虑的角度不全面。我国股票市场的分割性、非效率性以及我国上市公司治理结构对外部投资人利益的保护缺乏，上市公司的市场价值指标可能并不是企业绩效的真实反映，比如学者们经常运用的托宾 Q 指标，托宾 Q 作为度量公司绩效的指标的运用是有条件的，即公司股价应能够反映公司的价值，其隐含条件是股票市场应是有效市场，并且要求不存在股权分置。目前我国证券市场这两个条件还不完全具备，因此限制了该指标在我国公司绩效评价中的应用。

第二，投票权阈值的设定。我国现有的终极控制权研究有些不设定投票权阈值，有的设定 10% 投票权作为阈值，有的以现金流量权作为衡量终极控制人的标准，投票权阈值是判断公司控制权集中度所必需的，只有事先设定了合理的投票权阈值，鉴别终极控制人的类型、判断公司的控制权集中度才是有意义的。

第三，关于国有控股与非国有控股上市公司绩效比较的研究不足。尽管有基于终极控制人进行股权性质界定，且使用上市公司公开数据进行研究的，但是在样本中，国有控股与非国有控股公司比重的失衡，同时国有企业拥有优质的资源，尤其在管制性行业，非国有控股公司难以与国有控股公司相比，因此，在不对样本进行配对控制的情况下，很难得出有意义的结论。

第四，有些领域的研究有待加强，如：终极控制权、现金流量权和企业决策方面的研究；终极所有权与政治联系等；又如：对家族上市企业的研究需加强，如研究家族上市企业控制权私人收益的文章很少；家族终极控制权与信息披露质量的关系等，尤其是对我国西部家族上市公司的研究更少，等等。

第4章

我国上市公司终极控制人
行为对公司绩效的影响

传统大小股东代理问题的研究多是停留在公司直接股东层面，自拉·波塔（1999）首次提出了终极控制人的概念，越来越多的学者通过股权控制链寻找上市公司的终极控制人，有关终极控制人与上市公司绩效的研究不断涌现，并逐渐成为公司治理研究的主流方向之一，本章就我国上市公司终极控制人行为对公司绩效的影响进行定性分析。

4.1　我国上市公司终极控制人的经营行为对公司绩效的影响

我国上市公司终极控制人的经营行为对公司绩效的影响最主要体现在关联交易方面。非公平的关联交易是终极控制人掏空上市公司的主要手段，我国有学者实证表明，在我国上市公司中，关联方交易是终极控制人最常用的侵害上市公司利益的手段之一，其主要是指控股公司的股东为了自身的利益将公司的财产和利润转移出去的行为。

4.1.1　我国上市公司终极控制人的关联交易行为

指上市公司与终极控制人之间的原材料采购、产品销售，以及委托加工、提供后勤服务等业务往来。由于我国会计准则没有规定统一的关联交易定价政策，某类产品的定价方式可以有市场价、成本价、协议价、优惠价等多种多样，准则中规定的关联交易也不甚严格，一般上市公司只披露交易数额，不披露详细价格，使上市公司与终极控制人有机会按照自己认为可以实现其交易目标的价格随意定价。为了扶持上市股份公司，集团公司终极控制人往往以低于市场的价格向股份公司提供原材料，而又以较高的价格买断并包销股份公司的产品，利用原材料供应渠道和产品销售渠道向股份公司转移价差，通过应收账款、主营业收入等账户实现利润转移；反之亦然。

这类关联交易的交易量在各类关联交易中占首位。关联购销占如此大的比例，关键在于我国上市公司终极控制人利用关联交易粉饰上市公司业绩的需要。某些上市公司为了美化其财务会计报告，将其产品向关联公司大量赊销销售，通过应收账款进行结算。这样，对上市公司终极控制人来说，可以增加主营业收入和利润，而对关联公司来说实际上并没有支付款项，所购入的大量产品只是以存货形式增加集团的资产，并没有增加公司的利润。

随着公司集团发展的需要，公司集团内部的关联交易日益增加。这种关联交易实质上是公司放弃以契约为基本工具的市场活动转向依靠行政命令方式组织经济活动。这种内部交易活动，虽然在一定程度上能够降低经营风险，发挥经营优势，降低交易成本，实现集团内部最大利益，提高上市公司利润，但其消极影响较大，主要表现为：

第一，容易导致不公正交易。关联交易的节约费用和发挥集团优势的特点，并不必然导致关联交易的非公正性。它仅仅是一种促进交易完成的方法手段，但是由于关联交易会造成关联方与其他市场参与者之间的信息不对称，再加上终极控制人的利己行为，关联交易可能会被控制方或重大影响方操纵而变得不公正，导致关联交易的滥用，对公司利润产生不利影响。

第二，操纵利润的手段损害小股东利益，对公司利益造成不利的影响。终极控制人通常利用关联交易操纵利润，粉饰会计报表以达到特定的经营目的。为了实现自身的利益而滥用其控制权，侵害公司或中小股东的利益，如终极控制人利用上市公司融资套现，募股后大量侵害其他股东、特别是社会公众股东投入的资金。终极控制人会通过关联交易侵吞上市公司资产，而且通过上市公司为其巨额债务提供担保，使公司资产不当减少或处于高风险状态，令债权人的债权无法保障，损害公司长远利益。

4.1.2　我国上市公司终极控制人的担保行为

关联方担保成为我国上市公司终极控制人利用上市公司向银行敛财的手段之一。由于上市公司在财务和经营状况等方面的信息相对透明，由它提供担保往往能够得到银行的信任。终极控制人正是利用了银行这种信任，通过上市公司为其自身提供贷款担保来获取银行的巨额资金。大多数的上市公司存在对外担保现象，部分上市公司存在为关联方或终极控制人提供担保的问题。由于我国上市公司在公司治理方面存在缺陷，使担保成为利益从公司向终极控制人转移的一种手段，从而对公司绩效造成不利影响。而上市公司和地方政府千丝万缕的关系，也使担保部分承担起救助地方公司之责，有些担保合同从订立之日起就注定成为代为还款的协议。

我国上市公司对终极控制人提供担保的消极作用主要表现在以下几个方面：

第一，终极控制人获得的贷款由上市公司对其担保，在贷款到期后，终极控制人由于无力偿还，担保转变为公司的实际债务。这种贷款往往数额巨大，冲减了公司的利润，减少公司正常的营运资金，如果公司准备不足，还可能打乱公司的投资计划，对公司的绩效造成重大影响。

第二，上市公司对终极控制人提供的担保实际上是其对上市公司的一种无偿的信用占用，提高了公司的资产负债率，恶化了公司的融资环境，使公司不得不付出更高的利息支出来获取资金。终极控制人可以更为隐蔽地侵占上市公司的资金，将利益转移到自己拥有较高现金收益权的公司中。这种行为影响了上市公司的正常发展，严重影响公司利润，也严重损害了中小股东的利益。

4.1.3　我国上市公司终极控制人的资金占用行为

我国一些上市公司的终极控制人借用上市公司的低成本筹资能力，

通过关联购销或者收取资金使用费的形式，直接占用上市公司从证券市场筹得的资金。作为侵占上市公司利益的一种重要方式，终极控制人对上市公司资金的无偿占用受到了人们的普遍关注，终极控制人及其附属公司占用上市公司资金已成为目前我国证券市场的突出问题之一。资金占用的消极性体现在以下几个方面：

第一，终极控制人自身出现经营困难，急需资金渡过难关，损害公司绩效。上市公司的母公司为了支持公司上市，将有盈利能力的优质资产剥离后注入上市公司，而将大量不良资产甚至可以说是包袱留给了集团公司。结果是股份公司上市了，终极控制人基本丧失了独立生存和持续发展的能力，在自身出现经营困难甚至发生亏损的时候，便会产生占用上市公司资金的动机，以弥补资金链的断裂或弥补亏损。

第二，终极控制人的多元化投资需求。一些公司在上市后，其为配合产业结构的调整，或是自身想走多元化的道路，过多占用上市公司的资金，而使上市公司利益受到极大损害。

第三，终极控制人为了规避风险，投资于多个领域。在向银行贷款困难时，首先考虑的是集团内部拆借，加之上市公司股权结构不合理、法人治理结构不健全，终极控制人利用其绝对的控股地位，几乎完全支配了公司的董事会和监事会，上市公司董事会和监事会形同虚设。因此，终极控制人自身的利益驱动使上市公司成为其圈钱的工具就成为必然，最终损害了公司的利益。

4.2　我国上市公司终极控制人的投资行为对公司绩效的影响

4.2.1　我国上市公司终极控制人的投资规模

第一，存在着非效率投资行为。现代投资理论认为，任何公司在新项目上的投资支出都存在一个最佳水平，公司的成长机会是正常、理性投资行为的内在驱动因素，在不考虑融资约束问题的条件下，上市公司最佳投资水平是成长机会的增函数。然而大多数的研究发现，中国上市公司存在严重的非效率投资行为。由于货币资本和实物资本投入所形成的、对公司的成长和发展具有决定性影响力的控制性资源，将是产生控制权收益的基本来源。在控制权收益最大化的驱使下，终极控制人可能会做出那些降低公司绩效但却有利于自己的投资行为。

第二，存在着投资过度行为。终极控制人往往超出自身能力进行投资活动，此投资行为主要表现为投资过度。目前我国上市公司中存在一部分公司，其不顾公司自身的承受能力，单一地依靠银行融资，尤其以短期融资作为资金来源进行项目投资。一旦投资失误或在建项目失去资金来源，不仅使得公司的资产负债率大幅度提高，而且还严重影响和限制了公司自身的生产经营能力，对公司绩效造成不利影响。而终极控制人作为公司管理者，往往利用手中的控制权对公司进行掠夺，盲目进行投资。包括改变投资方向和多元化投资方向，一些上市公司一旦从股东身上圈到资金，就擅自改变募集资金投向，会投资于对自己有利的项目，并且不考虑利益。

我国上市公司的投资行为，在投资目的上表现出一定的非理性，主要表现在投资规模和结构上，盲目扩大投资规模，不充分考虑投资绩效。而作为控股公司与终极控制人之间的不正常关系而迫使被控股公司进行的投资活动往往其有非科学性。如果公司治理结构失效或弱化，对公司的内部人缺乏监督，则公司的终极控制人将有采取有利于自己而损害中小股东利益的投资政策的动机，并表现为不合理的过度投资，对公司绩效造成不利影响。

第三，存在着投资不足行为。由于终极控制人与中小股东之间的利益不一致，公司投资决策的目标是最大化控股股东利益而非公司利益最大化。这是因为当公司不对项目投资时，终极控制人本可以将属于全体股东的留存收益用于为自己谋福利，而一旦留存收益用于投资，投资后的公司剩余由包括中小股东在内的所有股东分享。所以对于终极控制人来说，当留存收益用于为自己谋取福利时的收入高于用于项目投资后分享的公司剩余时，即便投资项目净现值大于零，终极控制人也可能放弃，即存在投资不足的动机，影响公司绩效。

4.2.2 终极控制人的投资风险

在给定股东的有限责任条件下，终极控制人被鼓励投资到比最初在贷款条件列明的更有风险的投资项目上。这是由于风险较大的项目预期产生更大的利润，这个利润主要由股东分享；而如果大的损失发生的话，这些损失会被传递给债权人，在这种情况下，资产替代问题随之产生。因此股东和债权人之间的资产替代问题是导致非效率投资行为的原因之一。

当前，我国上市公司的控股股东控制具有对公司管理者监督上的优势，能够减少股东与管理层之间的代理成本，增加了公司价值，提高公司绩效。但当公司进行债权筹资时，终极控制人进行投资决策并不能同时兼顾中小股东及债权人利益。他们将此归因于中小股东与债权人对投资项目的风险偏好不同。相对而言，债权人偏好风险较小，即收益稳定的项目；而中小股东偏好风险较大，即收益不确定性较大的项目。所以，由于股东与债权人对项目风险偏好的差异，导致他们投资决策上的冲突。在目前我国对债权人的法律保护以及债权人自我保护都比较弱的情况下，终极控制人可能存在强烈的动机利用资产替代行为来侵害债权人的利益，而且终极控制人的持股比例越高，他们进行资产替代所获得的收益也越大，进行资产替代的动机就越强，偿付债权的风险就越大，因而投资风险就越大，对公司绩效不利影响越大。

4.3 我国上市公司终极控制人的融资行为对公司绩效的影响

4.3.1 我国上市公司终极控制人的股权融资

国外上市公司在选择融资方式时一般都遵循"啄食顺序理论"。即先内源融资，后银行贷款，再发行债券，最后是发行股票的融资顺序。

但是，通过对我国上市公司融资行为进行分析，发现部分上市公司存在逆向融资行为，表现为终极控制人对债务融资的过度厌恶和对股权融资的极度偏好。究其原因，是由于我国上市公司股权融资的成本大大低于债务融资的成本，融资的成本是股权融资偏好的直接动因。

这种动机可能会对公司绩效造成好的影响。但这种不正常的现象对资本使用效率、公司成长和公司治理、投资者利益以及经济资源的优化配置同时产生了不良的影响，表现为：

第一，一些上市公司融资后出现的"变脸行为"，即上市公司在融资成功后的当年或下一年经营业绩出现大幅度下降甚至亏损。

第二，一些上市公司筹集资金使用与管理不尽理想，上市公司筹集资金投资项目的收益率过低甚至是亏损。这说明公司在证券市场融资时，确实存在为筹集资金而筹集资金的圈钱问题，对公司绩效并没有促进作用。

第三，上市公司的股权融资偏好是终极控制人及其代理人凭借其拥有的控制权做出的自身价值最大化的考虑，并没有考虑中小股东的利益及公司的效益。这种倾向容易导致股权投资的低效和失效，即很可能诱使终极控制人选择一些投资收益率低于公司平均资本成本的项目。快速的股本扩张可能给公司的资本造成一定压力并拖累公司的业绩，这表现为许多上市公司在募得大量资金后无明确的投资方向，使大量资金闲置，造成公司业绩下滑。

4.3.2 我国上市公司终极控制人的负债融资

适度负债是维持公司持续发展的重要条件，过高和过低的负债都不利于公司的长足发展。整体而言，我国上市公司的资产负债率本身不是特别高，再加上终极控制人强烈偏好股权融资，势必导致上市公司资产负债率的进一步降低，从而对上市公司的业绩产生一定的影响。

而适度负债经营却具有诸多好处，如：负债具有避税和财务杠杆的作用，提高公司利润；负债可以达到资本结构最优，实现公司市场价值最大；负债融资影响公司的治理结构，并发挥着治理效应（如激励效应、信号传递效应、控制效应等），但是，我国公司的债权人主要是国有银行，银行与公司之间的债权债务关系实际上体现为同一所有者内部的借贷关系，债务如果到期，公司即使不能按期履行还本付息的义务，银行也无法对公司资产行使终极控制权，银行不能成为上市公司的股东，在这种背景下，负债融资在公司治理中没有发挥出有效的作用，债务水平与公司绩效不是正相关。

第5章

我国上市家族企业终极控制权特征
对公司绩效影响的定性关系

我国上市家族企业终极控制权特征可以从其终极控制权持有比例、终极控制权实现路径、实现方式、内部结构、现金流量权、管理参与度、所在地域差异和两权分离度等方面及其对公司绩效的影响进行分析。

5.1 家族终极控制权持有比例对公司绩效的影响

分析终极控制权持有比例特征对公司绩效的影响，主要是通过实证研究考察利益协同效应和利益侵害效应（或"掘壕效应"）更可能发生在控制权区间的哪段。利益协同效应是指随着内部人持股比例的增加，持股人来自公司的利益将会向趋同的方向发展，从而形成内部人持股比例与公司价值之间的正向关系；利益侵害效应是指控股股东的利益和其他股东的利益并不一致，控股股东可能以其他股东的利益为代价来追求自身利益；而"掘壕效应"指的是当内部人拥有对公司的有效控制权时，他们可能热衷于非公司价值最大化的行为，这些行为包括对公司资源的直接掠夺、偷懒、个人王国的建立、按个人喜好进行投资等。即使股东对其不当行为有所察觉，或者认为他们的能力无法胜任现有的职位，也无法对其进行及时的撤换，在这种情况下，必然导致公司价值的下降。在英美的研究文献中，"掘壕效应"往往存在于控制权比例区间分布的中间段。

英美公司的内部人多表现为管理层，而欧洲大陆、东亚公司的内部人往往表现为自然人或家族。不同的所有权结构和制度环境，使得不同的持股比例特征对公司绩效的影响也不同。克里斯蒂娜（Christina，2005）认为，英美公司管理层人员并不一定具有血缘或亲缘关系，他们的关系组合更多地基于契约，而控制性家族成员之间的关系更多的是建立在血缘或亲缘关系之上的。克里斯蒂娜（2005）的研究结论是家族控制权在中间比例区呈协同效应。在我国，家族上市公司的行为方式和处于同样文化背景的中国香港特区的公司的控制性家族应该具有一定的相似性。他们都是公司的创立者，大部分创立者目前仍然活跃在公司的日常经营和管理岗位上。因此，我国家族控制权持有比例特征在区间分布的中间可能呈现出协同效应。

5.2 家族终极控制权实现路径对公司绩效的影响

我国上市家族企业终极控制权实现路径主要有：直接上市（IPO）、股权受让、管理层收购（MBO）等。上市公司控制权取得途径的不同，决定了控股股东对上市公司的态度不同，尤其在家族企业这一现象较为明显。在我国资本市场上，民营上市公司 2/3 的终极控制人选择通过买壳上市等途径获得上市公司的控制权（丁新娅，2009）。然而，上市家族企业收购"壳"资源在很大程度上是一些业绩较差的国有控股公司，其负债率比较高，扭亏难度也较大；很多壳公司都发生过重大的重组行为，且往往由于刚完成重组，其业绩还没有体现出来（姚瑶等，2009）。有些控股股东并不关心上市公司的未来声誉和发展前景，他们把上市公司当成了"提款机"，甚至把上市公司掏空。而对于通过 IPO 取得上市公司控制权的家族企业，由于公司由创立者亲手缔造，这些缔造者大部分还在有效地经营和管理着上市公司的各项事务，他们对上市公司有着特殊的感情。虽然控制者也可能利用证券市场的制度缺陷将上市公司的利益输送到旗下的关联企业，但程度没有买壳上市公司严重。因为，从长期来看，这样做不但会影响上市公司的发展，也影响了整个家族产业的声誉。总的来讲，通过 IPO 方式取得控制权的公司绩效要优于通过买壳方式取得控制权的公司。

5.3　家族终极控制权实现方式对公司绩效的影响

家族终极控制权的实现方式主要有控股股东直接持有、金字塔式控股、交叉持股等方式，或者是这些方式的混合。其中第一种方式并不会造成控制权和现金流量权的分离，金字塔式控股结构和交叉持股是大股东实现控制权与现金流量权分离的两种重要方式，造成了大股东对小股东掠夺行为的强烈动机（张详建、刘建军和徐晋，2005）。控股股东可借此实现以少量的资金获得较大的控制权。尤其在多层金字塔股权结构中，不管现金流量权多么小，处于金字塔控制权结构顶端的控股股东都能够控制目标公司。家族大股东通过金字塔持股等方式实现了对上市公司的现金流量权和控制权分离，使其有动机也有机会通过多元化经营侵占少数股东的利益（苏勇和张军，2012）。但是研究侵占动机不能忽略控股股东的侵占成本问题，如果投资者保护意识很强，侵占成本很高，则会部分抑制控制权和现金流量权分离度较低的控股股东的侵占动机；反之，如果侵占成本很低，则不管控制权和现金流量权是否分离，只要控股股东是部分地拥有公司所有权，都会产生利益侵占动机。因此，控制权实现方式与公司绩效相关，但在不同的制度环境下会有不同的表现形式。

5.4　家族终极控制权内部结构对公司绩效的影响

家族终极控制权的内部结构特征是指家族控制权在家族成员内部的分配情况。它代表家族控制权由多少个家族成员拥有、各成员间的关系、家族控制权在各成员间的比例分配。持有股份的家族成员的关系有父子、兄弟、夫妻、翁婿、姐弟、母子等各种关系，这些关系以成员间具有血缘关系或者姻亲关系为前提。在我国，那些没有持有控制权的家族成员，往往也参与到企业的经营管理中。家族控制权的传承问题以及成员内部关系是否和谐会对公司绩效产生影响，这些问题在我国已经出现。

一般而言，个人持股、父子持股、夫妻持股是比较稳定的关系，而其他家族持股结构可能给公司带来不稳定因素。贺小刚（2010）将家族成员的组合模式分为核心家庭成员主导型、远亲家族成员主导型、复合家族成员主导型。研究发现，不同家族成员组合内部，其冲突与代理问题是存在差异的，核心家庭成员内部的冲突与代理问题最低，这种组合能够创造最优的治理效率；远亲家族成员内部与复合家族成员内部存在显著的矛盾与代理问题，这种组合明显不利于提高公司治理效率。总之，将家族资产所有权、管理权配置给远亲显著地不利于公司治理效率的改进（连燕玲、贺小刚和张远飞，2011）。

5.5　上市家族企业现金流量权对公司绩效的影响

一般认为，上市家族企业控股股东的现金流量权越大，公司的价值就越高。所以，克莱森斯（2000）提出以控股股东的现金流量权代表激励效应。因此，控股股东现金流量权大小程度代表公司利益与控股股东利益的一致程度。国内学者也做了相应的研究，一些学者发现现金流量权与公司绩效显著正相关（朱滔，2007）（许永斌和彭白颖，2007）（杨淑娥和苏坤，2009），家族上市公司的现金流量权对公司价值具有较强的激励效应（刘阳和罗时宇，2012），或者现金流量权具有正的激励效应（王鹏和周黎安，2006）。但国内一些学者从股权分置角度出发，认为上市家族企业在上市时一般均以几十倍的市盈率发行，从而形成了高额的资本公积，这就强化了控股股东通过掠夺性分红来套取现金的动机。在我国资本市场存在这些现象，但不具有普遍性。

当然，也有部分学者认为，我国家族上市公司价值与现金流量权比例显著负相关（谷祺、邓德强和路倩，2006）（马连福、陈德球和高丽，

2007），或倒 U 型关系（郑丹凤等，2010），甚至相关关系不显著（王鹏等，2006）（胡科和张宗益，2010）。

5.6　上市家族企业家族的管理参与度对公司绩效的影响

一些学者的研究表明，家族对企业管理的参与程度在企业发展的不同时期具有不同的影响。米什拉（Mishra，2001）的研究发现，创始家族控制与公司价值正相关；创始家族在年轻企业中更具有价值；在创始家族担任 CEO 的情况下，董事会规模越小，创始家族控制与公司价值之间的关系越强。

戴维斯（Davis，1997）认为，基于血缘关系的家族有着天然的凝聚力，家族成员朝着共同的目标努力，家族经理机会主义动机很少存在。莫科（Morck，1988）认为家族成员更了解自己的企业，比外聘经理人拥有更强的有关企业的专业知识。

相反，有些学者认为，家族成员的利己倾向会给上市家族企业带来严重的代理冲突。嘉露（Gallo，1997）研究表明，家族企业中的核心管理层成员可能选择"隧道转移"的掠夺行为，从而损害公司的整体利益。

在我国，关于这个问题大多是理论阐述，实证证据不多。

谷祺（2006）的研究表明，家族成员直接参与管理强化了其对公司的控制，增强了其掠夺控制权私人收益的动机和能力，导致公司价值的减少。毕艳杰（2006）认为，家族成员担任董事长或总经理与企业的业绩正相关。许永斌等（2007）认为，目前我国家族企业尚处在发展时期，很多企业还处于第一代创始人的掌控之下。创业者开拓进取以及创新精神使得企业在初期得以发展和壮大。在目前情况下，家族积极地参与企业的管理有利于企业绩效的改进。而姚瑶等（2009）认为，聘请职业经理人管理比家族成员直接参与管理的上市公司市场评价更高。

5.7　上市家族企业地域差异对公司绩效的影响

公司的发展与所在地的文化背景、当地政府的扶持力度、地理位置、地区产业发展导向等因素密切相关。各个地区商业运作模式的差异正为人们所关注，如张俊杰（2005）在其系列研究丛书中把鲁商模式的特色归结为"群象经济"，苏商模式的特色归结为外资拉动式经济，浙商模式的特色归结为民办经济，闽商模式的特色归结为商本经济，粤商模式的特色归结为加工贸易式经济。所以，上市家族企业的地域差异对其绩效具有影响。

5.8　上市家族企业两权分离度对公司绩效的影响

我国家族上市公司的现金流量权与控制权严重分离（马连福、陈德球和高丽，2007），其分离率为62%，并且此分离程度在东亚为最高（谷祺、邓德强和路情，2006）。家族终极控制人通过金字塔股权结构等分离现金流量权和终极控制权，这样他们只拥有上市公司的少量现金流量权，但却牢牢地控制了公司的投票权。由于终极控制人只持有企业一小部分的股份就完全控制了整个企业的资产，其激励机制被扭曲了，极容易产生道德风险。而这种道德风险产生的成本和损失是由公司的所有投资者和公司的利益相关者承担的。终极控制人持有的企业股份比例越低，他承担的成本或损失就越小，而因此获得的收益则全部归他所有。即使其通过关联交易、转移利润、同业竞争等方式侵占中小股东利益，其他股东也无法通过"以手投票"的方法制约终极控制人的道德风险。国内外许多学者的研究也得到较为一致的结论。拉·波塔（1999）、克莱森斯（2000）和雷蒙（Lemmon，2001）的研究发现，随着控制性家族控制权与现金流量权的分离程度越来越高，因此带来的代理冲突也越来越严重，进而家族企业的绩效也随之降低。在我国，家族上市公司价值与现金流量权和控制权的分离率显著负相关（谷祺、邓德强和路情，

2006）（许永斌和彭白颖，2007）（杨淑娥和苏坤，2009）。两者的偏离程度越大，公司的价值就越低（刘孟晖、沈中华和余怒涛，2009）。

5.9　董事长和总经理两职合一对公司绩效的影响

董事长和总经理两职是否分离反映了公司董事会的独立性和执行层创新自由的空间。国外的股东行为主义者指出，CEO 和董事长的职务应该分设。然而在上市家族企业中，董事长和总经理的人选安排必须符合家族对企业实行有效控制的原则，必须使得家族能够影响到企业经营决策和企业剩余的创造与分配。如果家族不能对企业的实际经营权进行监督和控制，掌握经营权的非家族经理人就有动力去侵占企业和家族利益。陈然方（2006）和毕艳杰（2006）发现，家族成员担任总经理和（或）董事长的企业绩效更好，对公司发展也更有利，对公司绩效具有促进作用。刘锦红、李政和万光（2009）也认为董事长和总经理两职兼任有利于公司绩效的提高。

因此，董事长兼任总经理，所有者、决策者及执行者三职合一，或是由家族成员担任高级管理职位，这样家族成员之间特有的血缘、亲缘关系使家族企业的管理者的心理契约成本负担一般较低，可以节省委托代理成本，同时也使企业能够根据市场环境的变化迅速做出明确而有效的决策，从而有利于公司绩效的提高。

第6章

我国西部地区上市家族企业终极控制权与现金流量权分离的实证研究

6.1 引言

在国内外的众多研究文献中，较少对家族企业终极控制权和现金流量权的分离程度及对企业价值的影响做出研究。借鉴拉·波塔、拉·德·西拉内斯和施莱弗（1999；2002）、克莱森斯（1999；2000；2002）和郎（Lang，2002）对控制权与现金流量权以及两权分离程度的计算方法，通过实证分析，探测上市家族企业两权分离的程度及两权分离程度对企业价值的影响。

6.2 理论分析与研究假设

施莱弗（1997）指出，股权集中在少数大股东手中，导致另一类代理问题的产生，即控股股东掠夺小股东，称为"控股股东的代理问题"。

约翰逊、拉·波塔、拉·德·西拉内斯和施莱弗（2000）使用"隧道行为"一词来描述控股股东转移企业资源的行为。控股股东转移上市公司资源进而攫取控制权私有收益，这种收益不但不能为其他小股东分享，而且还直接损害小股东的利益。贝布楚克、克拉克曼和特兰提斯（Bebchuk，Kraakman & Triantis，1999）以及拉·波塔、拉·德·西拉内斯和施莱弗（1999）研究发现，当控股股东通过金字塔结构和交叉持股方式分离所有权与控制权、控股股东担任企业的高级管理者以及法律对小股东的保护较差时，这种利用输送行为可能更加严重。

霍尔德尼斯和希恩（Holderness & Sheehan，1988）发现，美国大型家族企业的市场价值低于非家族企业。但安德森和雷布（Anderson & Reeb，2003）、克里斯曼（Chrisman，2004）的研究结论则相反。彭（Peng，2004）对东南亚 8 个经济体的分析发现，在印度尼西亚和中国台湾地区，家族成员担任 CEO 有利于提升业绩，而中国香港地区恰恰相反，其余国家则没有显著影响；在中国香港地区、马来西亚和新加坡，金字塔结构和家族绩效成正比，在印度尼西亚和韩国正好相反，在其他经济体则缺乏相关性。林（Lin，2003）对东亚国家和地区、克洛克维斯特和尼森（Cronqvist & Nisson，2003）对瑞典的研究皆表明，当家族股东的控制权超过现金流量权时公司价值会下降。维拉隆加和艾米特（Villalonga & Amit，2004）也发现，如采用金字塔结构等控制权放大机制，会降低创业者担任 CEO 的家族企业的价值。但巴龙蒂尼和卡普里奥（Barontini & Caprio，2005）对欧洲 11 国的研究表明，尽管控制权放大机制一般和较大的控制权与现金流量权程度相关，但那些创业者担任 CEO 的家族企业即使广泛采用金字塔结构，其市场价值也要明显高于非家族企业。此外，伏平（Volpin，2002）、克洛克维斯和尼森（Cronqvist & Nisson，2003）、科斯特延斯和麦克斯韦（Corstjens & Maxwell，2004）的研究皆得出了不同结论。

上市家族企业的控制权与现金流量权的分离程度越大（CV 比值越小），表明上市公司的固定层级关系和股权关系更加复杂，实际控制人可以通过利用层层叠叠的法人企业，以错综复杂的关联交易掌控上市公司，控股股东更容易采取多种方式和手段从上市公司输送利益。就国内而言，这些利益输送方式包括：关联交易、会计报告和信息披露、再融资、股利政策等。

综合以上分析，提出研究假设 H1：

H1：西部地区上市家族企业的终极控制权与现金流量权的分离程度

越大（CV 比值越小），公司价值就越低。

企业价值与家族企业的两权分离度有关。克莱森斯（1999）分析了东亚地区上市公司控股股东掠夺小股东的问题。他们指出，居于金字塔结构最上层的控股股东与处于最底层的上市公司之间的公司链越长，即"两权分离程度"越高，控股股东就有越多的机会通过集团内企业之间的关联交易掠夺小股东。理性的小股东意识到控股股东有这种掠夺的风险，对企业的估价降低，只愿意为股票支付较低的价格，不愿意为公司提供更多的资金，则企业的市场价值越低。所以，企业价值越高，家族股东为了维持其控制的市值，越不敢扩大"两权分离"程度。所以，上市家族公司价值与 CV 比值正相关。而金字塔结构与"两权分离"程度有关。一般而言，在金字塔层级越多的情况下，只要每个层级上的控制权不全部是 100%，则"两权分离"程度越大。

综合以上分析，提出研究假设 H2：

H2：采用金字塔控股结构的西部地区上市家族企业，其价值低于由自然人直接控制的上市家族企业。

詹森和麦克林（Jensen & Meckling，1976）认为，股权分散导致两权分离，使得股东对经营者的监控动力和能力均随之下降，随着股权结构分散导致公司内部治理和控制系统失效，产生内部人控制问题，即形成强管理人、弱股东的格局，为此股东要承担经营者可能的"逆向选择"和"道德风险"所带来的损失。格罗斯曼和哈特（Grossman & Hart，1980）证明，如果公司股权高度分散，股东就不会有足够的激励来密切监督公司经理人员。法玛（Fama，1980）指出，股权相对集中的股权结构最有利于促进公司经营绩效的提高。德姆塞茨和雷恩（Demsetz & Lehn，1985）通过对前五大股东、前十大股东持股比例以及代表股权集中度的赫芬德尔指数与会计利润率之间实证分析，发现股权集中度即股权结构与公司绩效之间并不存在显著的相关性。施莱弗（Shleifer，1997）通过模型证明，股份相对集中有利于并购市场的有效和完善，大股东能获得监控回报，从而有积极性提供监控。一定的股份集中是必要的，因为大股东具有限制管理层牺牲股东利益、谋取自身利益行为的经济激励及能力，可以更有效地监督经理层的行为，有助于增强监管市场运行的有效性，降低经理层代理成本。

作为上市家族企业，是典型的股权高度集中的代表，家族控制人在控制上市公司后，多数参与家族上市公司的管理，这样，家族控制人实际扮演着所有者和高层管理者两重角色。在这种特殊情况下，经营和管理者之间的代理问题可以最低。同时，家族控制人将存在着比较浓厚的家族情结，再加上声誉机制的作用，家族控制人将不愿意看到自己的企业出现经营上的问题。在多种因素的综合下，家族控制人将有更强的动机改善上市公司的经营业绩。相比而言，股权较为分散的公司或者其他存在内部人治理问题的公司来说，管理人员的利益经常与股东的利益不一致，年薪制与股票期权等对经理人员的激励作用有限，经理人员仍然可能利用剩余现金流过度投资、进行在职消费等，对公司业绩和长远发展不利。

综合以上分析，提出研究假设 H3：

H3：采用金字塔控股结构的西部地区上市家族企业，其价值低于由自然人直接控制的上市家族企业。

6.3 样本、数据来源和变量定义

本章的研究样本来自 CCER 色诺芬民营上市公司数据库。本书以 2016 年的西部地区上市家族企业作为初选样本，然后剔除未进行股权分置改革的上市公司、ST 股、金融股以及当年发生亏损的上市公司，最后得到样本企业共 78 家。

本研究的公司财务数据来自 CCER 提供的各上市家族企业的年报。关于终极控制权和现金流量权的相关数据来自 CCER 色诺芬民营上市公司数据库，其对家族企业终极控制权和现金流量权的定义与拉·波塔（1999）、贝布楚克（Bebchuk，1999）、克莱森斯（2000）的方法相同。

具体定义见表6.1所示:

表6.1 变量及定义

变量	符号	定义
终极控制权	VR	终极控制权比例等于每个终极控制人的控股链条中最小的持股比例,如有多条链条,则将各链条中的投票权加总
现金流量权	CR	现金流量权比例通过将终极控制人的控股链条中每条链条上的各个持股比例相乘得到,如有多条链条,则将各链条中的现金流量权加总
现金流量权/终极控制权	CV	衡量现金流量权和终极控制权的差异,其中,终极控制权用终极控制人能够控制的投票权衡量。上市家族企业现金流量权与终极控制权的比值介于0到1之间。该值越大,表明上市家族企业的现金流量权与终极控制权的差异越小;反之,则差异越大
托宾Q值	Tobin's Q	本书采用的样本是经过股权分置改革后的样本,托宾Q值的计算公司为:Tobin's Q=市场价值/重置成本=上市公司年末市值/总资产
总资产	TA	上市公司年末资产总额
总负债	TD	上市公司年末负债总额
主营业收入	MR	上市公司当年主营业收入
净利润	NP	上市公司当年净利润
每股收益	EPS	净利润除以总股本
净资产收益率	ROE	净利润除以净资产
总资产收益率	ROA	净利润除以总资产
自然人控股	NP	当上市家族企业的控制权链条是以自然人控股模式存在时,该值为1;当上市家族企业采用金字塔模式时,该值为0
金字塔模式	PM	当上市家族企业的控制权链条是以金字塔模式存在时,该值为1;当上市家族企业采用自然人控股模式时,该值为0

6.4　西部地区上市家族企业终极控制权和现金流量权分离的实证结果与分析

6.4.1　西部地区上市家族企业终极控制权和现金流量权的描述性统计分析（如表6.2所示）

表6.2　　　　　　　　　　　　　样本总体特征的描述

指标	均值	最小值	最大值	标准差
总资产（万元）	210622.0400	20385.0700	1319698.9300	215288.0800
总负债（万元）	127522.0500	3767.8700	946313.5800	153905.1300
总股本（万元）	31084.0700	5116.9700	189814.8700	26457.7700
主营业收入（万元）	156867.9800	579.0400	2492739.4900	261387.4800
净利润（万元）	6818.1600	−70092.8400	75500.8300	14050.1600
每股收益	0.2315	−1.4100	1.5322	0.3237
经营活动产生的现金流净额（万元）	9541.5100	−244231.4700	148717.4700	29056.9400
净资产收益率	7.4100%	−163.0000%	292.2700%	24.7500%
总资产收益率	3.0600%	−33.8900%	15.4900%	5.2000%
Tobin's Q	1.3765	0.2100	7.3400	1.0544

6.4.2　西部地区上市家族企业的现金流量权分析

在分析的上市家族企业样本中，其现金流量权的平均值为23.33%，最大值为65.42%，最小值为1.45%，如表6.3和表6.4所示。现金流量权多集中在5%到50%之间，这个区间占总数的88.3%，5%以下及50%以上的企业相对较少，仅占总数的11.7%，现金流量权在30%以上只有18家，占23.8%。统计结果表明，在市场现实状况下，不存在家族控股股东对上市公司100%的现金流量权的情况。

表6.3　　　　　　　西部地区上市家族企业现金流量权　　　　单位：%

	个数	最小值	最大值	均值	标准差	方差
现金流量权	78	1.45	65.42	23.33	13.5838	184.521

表6.4　　　　　　西部地区上市家族企业现金流量权分布

区间	个数（家）	占比（%）
<5%	6	7.40
5%～10%	8	10.80
10%～20%	25	32.00
20%～30%	21	26.00
30%～40%	8	10.80
40%～50%	7	8.70
>50%	3	4.30
总数	78	100.00

6.4.3　西部地区上市家族企业的终极控制权分析（如表6.5和表6.6所示）

表6.5　　　　　　　西部地区上市家族企业控制权　　　　　单位：%

	个数	最小值	最大值	均值	标准差	方差
终极控制权	78	10.01	85.72	33.66	13.4884	181.94

表6.6　　　　　　　西部地区上市家族企业控制权分布

区间	个数（家）	占比（%）
5%～10%	1	0.80
10%～20%	12	15.00
20%～30%	26	34.30
30%～40%	16	20.60
40%～50%	11	13.30
>50%	12	16.00
总数	78	100.00

6.4.4 西部地区上市家族企业的现金流量权与终极控制权的分离程度分析

参考克莱森斯（2000）和法乔（2001）对现金流量权与控制权分离的研究，将终极控制权与现金流量权进行配比，求出现金流量权与终极控制权之比（CV）。参考贝布楚克、克拉克曼和特兰提斯（1999）的模型，将投票权用于衡量终极控制权，即用最终控制人能够控制的上市公司投票比例来代表终极控制权。

两权分离程度：CV = 现金流量权/终极控制权（投票权）

CV 值越大，表明终极控制权与现金流量权的分离程度越小；反之，则表明两权分离程度较高。从统计结果来看，现金流量权与终极控制权分离的现象是非常明显的。现金流量权与终极控制权之比多集中在 0.5~1 之间，这个区间共有 56 家企业，占了总数的 71%。终极控制权与现金流量权没有分离的企业有 58 家，占总数的 25.10%。具体情况如表 6.7 所示。

表 6.7	CV 比值	
区间	个数(家)	占比(%)
0~0.3	10	13.40
0.3~0.5	12	15.60
0.5~0.8	21	26.00
0.8~1.0	35	45.00
其中 C/V = 1		
总数	78	100.00

6.4.5 控股方式：金字塔控股或自然人直接控股情况分析

表 6.8 是西部地区上市家族企业的终极控制权实现方式。从表 6.8

中可以看出，国内上市家族企业中，控制权多采用金字塔模式，金字塔模式比自然人控股模式更为普遍。在 78 家样本企业中，有 66 家采用了金字塔模式，占总数的 84.4%。

表 6.8   终极控制权实现方式

终极控制权实现方式	个数（家）	占比（%）
自然人直接持股	12	15.6
金字塔	66	84.4
总数	78	100.0

6.4.6 西部地区上市家族企业现金流量权与终极控制权的分离程度（两权分离度）与企业价值分析

利用 Pearson 相关分析方法，对假设 H1 进行验证。表 6.9 是相关分析的结果。

表 6.9   企业价值与两权分离度的相关性检验

		Tobin's Q	CV
Tobin's Q	Pearson 相关性		0.195 ***
	显著性（双尾）		(0.003)
CV	Pearson 相关性	0.195 ***	
	显著性（双尾）	(0.003)	
N		78	78

注：表中报告的是变量的相关系数，括号内是对应的显著性检验概率，＊＊＊表示在1%的置信水平上统计显著。

为了控制企业规模对企业价值的影响，加入控制变量 Ln（Asset）

后，对企业价值与两权分离度相进行相关性分析，表 6.10 是分析结果。

表 6.10　　　　　　企业价值与两权分离度的相关性检验

控制变量			Tobin's Q	CV
Ln（Asset）	Tobin's Q	Pearson 相关性		0.157 ***
		显著性（双尾）		（0.018）
		自由度		74
	CV	Pearson 相关性	0.157 ***	
		显著性（双尾）	（0.018）	
		自由度	74	

注：表中报告的是变量的相关系数，括号内是对应的显著性检验概率，＊＊＊表示在1%的置信水平上统计显著。

从表 6.10 可以看出，企业价值 Tobin's Q 与 CV 比值呈显著的正相关，表明现金流量权和终极控制权的差异越大，即 CV 的比重越小，企业价值越小；反之企业价值越大，实证结果符合研究假设。综上所述，可以得出，西部地区上市家族企业的现金流量权和终极控制权的差异越大，家族股东与上市公司之间的关系链条可能越错综复杂，家族控股股东越容易侵害小股东的利益，导致企业价值越容易受到破坏。

6.4.7　西部地区上市家族企业控股方式与企业价值分析

为了验证前面的假设，对企业价值 Tobin's Q 与是否采用金字塔结构（PM）进行偏相关分析。表 6.11 是在加入控制变量 Ln（Asset）后，企业价值与持股方式之间的偏相关分析结果。

表 6.11 企业价值与是否采用金字塔结构（PM）

控制变量			Tobin's Q	PM
Ln（Asset）	Tobin's Q	Pearson 相关性		− 0.069
		显著性（双尾）		（0.233）
		自由度		74
	PM	Pearson 相关性	− 0.069	
		显著性（双尾）	（0.233）	
		自由度	74	

注：表中报告的是变量的相关系数，括号内是对应的显著性检验概率。

从表 6.11 可以看出，西部地区上市家族企业价值 Tobin's Q 与是否采用金字塔结构（PM）之间的相关关系不显著。这可以看出，单纯从是否采用金字塔模式的角度来判断上市家族企业价值是否受到破坏，并不甚妥当。是否采用金字塔模式并非问题的关键，最重要的是金字塔内部的结构。如果一个金字塔结构内部公司治理完善且运作有序，上市公司即使是处于金字塔塔底，价值受破坏的可能性也会大大降低；但如果金字塔的内部治理混乱、运作不规范，将可能使得上市公司的价值容易受到破坏。

因此，金字塔内部的治理结构才是影响上市家族企业价值的关键。这一结论的启示是，资本市场控制权链条内部关系有必要更加透明化，关于控制权链条上的信息披露需要更加完善，这样才有助于投资者的投资决策，有利于外部保护投资者进行价值判断和投资，也有利于完善资本市场监管。

6.4.8 西部地区上市家族企业终极控制权与企业价值分析

表 6.12 是对前面假设进行验证的结果。

表 6.12 西部地区上市家族企业 ROE 与终极控制权的偏相关关系

控制变量			终极控制权	ROE
Ln(Asset)	终极控制权	相关性		0.113 *
		显著性(双尾)		(0.099)
		自由度		74
	ROE	相关性	0.113 *	
		显著性(双尾)	(0.099)	
		自由度	74	

注:表中报告的是变量的相关系数,括号内是对应的显著性检验概率, * 表示在 10% 的置信水平上统计显著。

从表 6.12 可以看出,在控制资产规模和资产负债率后,西部地区上市家族企业的净资产收益率 ROE 与家族终极控制权在 10% 的水平上显著正相关。这意味着上市家族企业有动机改善上市公司的经营业绩,只有这样,才能使家族控股股东的各方面利益得到保证。

第7章

我国上市家族企业终极控制权
与公司绩效的实证分析

本章基于终极产权的背景，实证分析我国上市家族企业的终极控制权与公司绩效的关系。

7.1 引言

目前，研究终极控制权与现金流量权的分离对上市家族公司绩效的影响，来源于詹森和麦克林（1976）、拉·波塔（1999）以及克莱森斯（2000）等人提出的理论和方法，而拉·波塔等（1999）最早开启对终极产权的研究，通过向上逐级追溯上市公司各条控制链，从而追溯到最终的控制人，并提出了计算上市公司终极控制权和现金流量权的方法。在拉·波塔（1999）研究的基础上，国内外学者借鉴其方法，结合各国具体的情况，广泛地进行了有关上市公司终极控制权和现金流量权的研究。纵观学者们研究的成果，可以发现他们对上市家族企业终极控制权的研究偏少，在我国的研究情况也是如此。我国上市家族企业的股权结构较为特殊，且现金流量权高度集中，许多最终控制人采用金字塔控股模式，使得上市家族企业的终极控制权与现金流量权产生了分离，从而有利于以较小的现金流量权来获得较多的终极控制权，这样就有可能侵害到中小股东的利益。所以，追溯到上市家族企业的最终控制人，并了解最终控制人的终极控制权与现金流量权的真实情况，就显得十分有意义了。

7.2　理论分析与研究假设

7.2.1　我国上市家族企业终极控制权与公司绩效的关系

目前，国内外较多学者研究发现，上市公司的终极控制权与公司绩效负相关。根据控制权私有收益理论，终极控制人能够通过控制权获得独占性的利益，是终极控制人通过侵占中小股东的利益、转移上市公司资源取得的，而不是通过正常途径获取的合理利益。当终极控制人通过非正常途径获得的收益大于因此而产生的现金分红损失时，其就有强烈的攫取控制权私有收益的动机。与此同时，当终极控制人拥有着很大的控制权时，能够深深地影响对上市公司的经营管理活动。所以，终极控制权的存在使得上市公司终极控制人具有侵占中小股东利益的动机和能力，由此可能会带来上市公司绩效的下降。

基于以上分析，提出假设1：

假设1：我国上市家族企业的终极控制权与公司绩效负相关。

7.2.2　我国上市家族企业现金流量权与公司绩效的关系

目前，国内外较多学者研究发现，上市公司的现金流量权与公司的价值显著正相关，并以终极控制人的现金流量权代表激励效应。现金流量权来自上市公司未来现金流的分红，决定了上市公司股东的共享利益。对于大股东和中小股东来说，获得这部分的收益与上市公司的利益存在着一致性。现金流量权代表着上市公司股东获得股份正常收益的份额，当终极控制人拥有高比例的现金流量权时，一般不会为了获取控制权私有收益，而采取转移上市公司资源等手段牺牲上市公司利益，因为这样做的话，该行为将会带来上市公司的亏损，则直接影响到终极控制人因高比例的现金流量权而获得的高比例股份分红收益。如果通过不合理、不合法等手段侵占上市公司利益所获得的收益小于因此而导致的股份分红的损失时，终极控制人则会放弃不合理、不合法的手段，而采取正常的手段获得正常合理的收益。所以，终极控制人所持有的现金流量权，能够促使其自身的利益与上市公司的利益相一致性。当终极控制人所持有的现金流量权越大时，其侵占上市公司利益从而获得控制权私有收益的动机和行为会有越弱。当终极控制人所持有的现金流量权达到一定比例时，其便有强烈的动机获取高比例股份分红的收益，甚至终极控制人为了提升上市公司的绩效而积极采取一些措施。此外，现金流量权越高，则终极控制人采用掏空行为时的成本就越大，其获得的控制权私有收益的成本也就越大，因此，现金流量权较高时，更能够减弱终极控制人对中小股东利益掠夺的意愿，进而提高了公司绩效，拉·波塔（1999）的实证研究也证明了这一点。

基于以上分析，提出假设2：

假设2：我国上市家族企业现金流量权与公司绩效显著正相关。

7.2.3 我国上市家族企业终极控制权和现金流量权的分离与公司绩效的关系

金字塔股权结构是目前世界范围内较为流行的股权结构形式，这种股权结构带来了终极控制人两权的分离，即利用较小的现金流量权便可以获取较大的控制权。各国学者对金字塔股权结构给上市公司带来的影响做了大量的研究，基本上认为终极控制权与现金流量权的偏离程度越大，公司的价值就越低。两权的分离，使得终极控制人在转移上市公司的资源时，其因利益转移所遭受的损失远远小于其因利益转移所获得的收益。从表面上看，终极控制人与其他中小股东一样，都承担了转移上市公司资源或上市公司利润下降所带来的损失，但因为终极控制人在上市公司中所拥有的现金流量权小，其承担的损失远远小于其获得的控制权私有收益。所以，上市公司两权分离的程度越大，终极控制人侵占上市公司利益的动机就越大，上市公司的绩效就越差。同时，两权的分离，出现了低现金流量权与高终极控制权的不相匹配，这就使得终极控制人有动机、有能力通过关联交易、担保、资金占用等方式形成对中小股东利益的侵占，从而对公司的绩效形成损害。并且，较少的现金流量权也降低了终极控制人掠夺中小股东的成本。所以，引发终极控制人与中小股东之间利益冲突的关键因素是两权的分离，随着两权分离程度的增加，公司绩效也会随之下降，克莱森斯（2000）的实证研究结果也证明了这一点。

基于以上分析，提出假设3：

假设3：我国上市家族企业终极控制权和现金流量权的分离与公司绩效负相关。

7.2.4 我国上市家族企业终极控制人及其控制的其他企业所持限售股比例、两权分离与公司绩效的关系

我国于2005年开始实施股权分置改革，改革的目的是将非流通股改为流通股，使得上市公司所持股份的持股成本相同。股权分置改革的过程也是终极控制人所持股权的价格由原始股价向二级市场股票价格过渡的过程。在二级市场中，股票价格以公司市场价值为中心进行波动，此时终极控制人利用两权分离来侵占上市公司利益的动机会减弱。截至2007年底，大部分上市公司已经基本完成了股改。但因为股权分置改革是一个渐进的过程，所以，在我国还有一部分上市家族企业仍然存在着终极控制人及其控制的其他企业所持有的限售股份，它们还存在着获得控制权私有收益的欲望，这些企业有动力和机会获取控制权私有收益，通过两权分离来掠夺上市家族企业的利益。而在全流通的上市公司中，终极控制人更会注意股价的变动对上市公司利益的影响，所以其获取控制权私有收益的行为会有所收敛。

基于以上分析，提出假设4：

假设4：我国上市家族企业终极控制人及其控制的其他企业所持限售股比例越高，其两权分离度对公司绩效的负面影响越大。

7.3 样本、数据来源和变量定义

7.3.1 样本选择和数据来源

本章采用2015～2017年上海证券交易所和深圳证券交易所A股上

市家族企业平衡面板数据，首先选择了由家族或自然人控制的上市公司每年各 295 家，然后按照以下筛选标准剔除部分数据：（1）剔除终极控制人不能追溯到家族或自然人的上市公司；（2）剔除终极控制人控制权比例低于 20% 的上市公司，使所选样本终极控制人最低控制权超过 20%，以保证终极控制人可以实现有效控制；（3）剔除 ST、*ST、PT 的上市公司；（4）剔除金融保险业上市公司；（5）剔除资料不全，无法计算现金流量权的公司，剔除无资本结构的上市公司，经过筛选得到最终研究样本，最后得到 266 家上市家族企业 849 个观测值。

本章研究采用的上市家族企业终极控制权和现金流量权等数据来自 CCER 民营上市公司数据库，财务数据来自 CCER 和 CSMAR 数据库，资本结构的数据主要来自 CCER 数据库，其他数据主要来自 Wind 数据中心和巨潮资讯网年报资料。

7.3.2　变量界定

本书的研究选取三组变量，即被解释变量、解释变量和控制变量。其中，被解释变量是公司绩效（Tobin's Q）；解释变量包括终极控制权（VR）、现金流量权（CR）、两权分离度（CV）、终极控制人及其控制的其他企业所持限售股比例（PNS）；控制变量包括公司规模（SIZE）、资产负债率（DA）、每股收益（EPS）、盈利性（PROF）、成长性（GROW）、年度（YEAR）、行业（INDU）等。

1. **被解释变量**

使用 Tobin's Q 来衡量公司绩效。

目前，大多数国内外学者采用 Tobin's Q 来衡量公司绩效。Tobin's Q 是上市公司年末市值和总资产之比，是实体经济和虚拟经济对上市公司的未来价值的共同反映。所以，采用 Tobin's Q 来衡量公司绩效，本书主要用来检验假设 1、假设 2、假设 3 和假设 4。

2. **解释变量**

本书对我国上市家族企业的终极控制权与公司绩效的关系进行研究。

终极控制权的特征表现为终极控制权和现金流量权的分离，所以本书用终极控制权（VR）、现金流量权（CR）和两权分离度（CV）来度量终极控制权这一变量。另外，再设置一个变量即终极控制人及其控制的其他企业所持限售股比例（PNS）。

3. 控制变量

本书的研究重点是中国上市家族企业终极控制权与公司绩效的关系，但还有其他因素会对公司绩效产生影响。为尽量保证研究假设更加准确、研究结果更加具有说服力，本研究将影响公司绩效的一些重要的公司特征因素作为控制变量纳入分析框架中来。主要包括：公司规模（SIZE）、资产负债率（DA）、每股收益（EPS）、盈利性（PROF）、成长性（GROW）等。为了避免行业和年度的影响，设置了年度（YEAR）和行业（INDU）两个虚拟变量行业。

以上各个变量具体定义如表7.1所示：

表7.1　　　　　　　　　　　研究变量一览

变量分组	变量简称	代码	变量解释
被解释变量	公司绩效	Tobin's Q	Tobin's Q = 上市公司年末市值/总资产
解释变量	终极控制权	VR	上市家族企业家族终极控股股东的终极控制权用控制链中最低持股比例表示。如有多条控制链，则将各条控制链最小持股比例加总
	现金流量权	CR	上市家族企业终极控股股东的现金流量权是通过将控制链中每个链条的持股比例相乘得到。如有多条控制链，则将各条控制链计算得到的现金流量权加总
	两权分离度	CV	两权分离度 = 终极控制权比例/现金流量权比例
	终极控制人及其控制的其他企业所持限售股比例	PNS	PNS = 终极控制人及其控制的其他企业所持限售股/总股份

变量分组	变量简称	代码	变量解释
控制变量	公司规模	SIZE	公司规模＝总资产的自然对数
	资产负债率	DA	资产负债率＝总负债/总资产
	每股收益	EPS	每股收益＝净利润/总股本
	盈利性	PROF	盈利性＝净利润/净资产
	成长性	GROW	成长性＝（主营业务收入－上年主营业务收入）/上年主营业务收入
	年度	YEAR	年度虚拟变量。如果是 2013 年取值为 1,否则为 0
	所属行业	INDU	行业虚拟变量

7.3.3 模型建立

为检验本书提出的假设，构建以下三个计量模型：

为了检验上市家族企业终极控制权与公司绩效之间的关系（即检验假设1），构建多元回归模型（1）：

$$\text{Tobin's } Q = a_0 + a_1 \times VR + a_2 \times SIZE + a_3 \times DA + a_4 \times EPS + a_5 \times PROF + a_6 \times GROW + a_7 \times YEAR_{2013} + \sum \varphi INDU + \varepsilon \qquad 模型（1）$$

为了检验上市家族企业的现金流量权与公司绩效之间的关系（即检验假设2），构建多元回归模型（2）：

$$\text{Tobin's } Q = \beta_0 + \beta_1 \times CR + \beta_2 \times SIZE + \beta_3 \times DA + \beta_4 \times EPS + \beta_5 \times PROF + \beta_6 \times GROW + \beta_7 \times YEAR_{2013} + \sum \varphi INDU + \varepsilon \qquad 模型（2）$$

为了检验上市家族企业的终极控制权和现金流量权之间的分离程度与公司绩效的关系（即检验假设3），构建多元回归模型（3）：

$$\text{Tobin's } Q = \lambda_0 + \lambda_1 \times CV + \lambda_2 \times SIZE + \lambda_3 \times DA + \lambda_4 \times EPS + \lambda_5 \times PROF + \lambda_6 \times GROW + \lambda_7 \times YEAR_{2013} + \sum \varphi INDU + \varepsilon \qquad 模型（3）$$

模型（3）也用来检验假设4，将所有的样本根据终极控制人及其控制的其他企业所持限售股比例占总股份的比例分组，分别带入模型（3）检验。

其中，模型中被解释变量为公司绩效。a_0、β_0、λ_0 为常数项；a_1、β_1、λ_1 是各变量的回归系数；a_1 为终极控制权对公司绩效的影响系数，β_1 为现金流量权对公司绩效的影响系数，λ_1 为两权分离度对公司绩效的影响系数；ε 为残差项。

7.4 我国上市家族企业终极控制权与公司绩效的实证分析

7.4.1 描述性统计

样本中主要变量的描述性统计如表7.2所示：

表 7.2   主要变量描述性统计

指标	最小值	最大值	均值	标准差
Tobin's Q	0.487	30.059	2.803	2.534
VR	23.593	81.164	38.492	14.350
CR	10.821	90.227	27.449	12.852
CV	0.000	47.436	14.023	9.743
PNS	0.000	0.729	0.227	0.216
SIZE	7.258	13.661	10.206	0.681
DA	1.629	95.825	50.535	16.684
EPS	−1.073	3.153	0.359	0.421
PROF	−1.118	1.763	0.282	0.215
GROW	1.182	2.762	1.309	1.224

从表7.2样本的描述统计来看，可以得出如下结论：

（1）Tobin's Q最大值为30.059，最小值只有0.478，均值为2.803。由于最大值和最小值之间的差异较大，反映了我国上市家族企业之间公司绩效的不均衡状况，部分上市家族企业经营状况不够理想。

（2）终极控制权最大值为 81.164，最小值为 23.593，均值为 38.492，这说明我国上市家族企业存在明显的终极控制现象。现金流量权的平均值为 27.449，最大值为 90.227，最小值为 10.821，最大值是最小值的 8.3 倍，所以，现金流量权比较分散。两权分离度的均值为 14.023，这表明上市家族企业的终极控制人平均用 27.449% 的现金流量权掌控着公司 38.492% 的控制权，说明我国上市家族企业两权分离度较高。终极控制人付出的现金成本低于其因此获得的终极控制权比例。

为了更直观地看到总体样本终极控制权、现金流量权、两权分离度观测值的分布，特整理出表 7.3 至表 7.5：

（1）上市家族企业的现金流量权。从表 7.3 可以看出，在 10% ~ 30% 的区间现金流量权十分集中，占比约为 57.15%，而在其他区间，上市家族企业现金流量权的占比则较低。

表 7.3　　　　　　　　我国上市家族企业的现金流量权分布

区间	个数（家）	占比（%）
<5%	17	6.39
5% ~ 10%	30	11.28
11% ~ 20%	82	30.83
21% ~ 30%	70	26.32
31% ~ 40%	31	11.65
41% ~ 50%	19	7.14
>50%	17	6.39
总数	266	100.00

（2）上市家族企业的终极控制权。从表 7.4 可以看出，绝大多数上市家族企业的终极控制权集中在 20% 以上，且有 155 家上市家族企业的终极控制权集中在 20% ~ 40% 之间（占比为 58.27%），终极控制权在 60% 以上的上市家族企业也有 22 家（占比为 8.27%），这显示出上市家族企业强烈的控制权欲望。

表7.4   我国上市家族企业的终极控制权分布

区间	个数（家）	占比（%）
5%～20%	39	14.66
21%～30%	57	21.43
31%～40%	98	36.84
41%～60%	50	18.80
>60%	22	8.27
总数	266	100.00

（3）上市家族企业的现金流量权与终极控制权的分离程度（即两权分离度）。从分析结果来看，上市家族企业的两权分离现象十分明显。共有192家上市家族企业的现金流量权与终极控制权之比集中在0.5～1之间，占总数的72.18%，具体情况如表7.5所示。

表7.5   两权分离度

区间	个数（家）	占比（%）
0～0.3	33	12.41
0.3～0.5	41	15.41
0.5～0.8	68	25.56
0.8～1.0	124	46.62
总数	266	100.00

7.4.2 变量的相关性分析

由表7.6可以看出，终极控制权、现金流量权、两权分离度的系数超过0.6，可能存在着共线性风险。不过，前面的三个模型中，已将3个变量分别带入了不同的模型。另外，其他变量之间的系数没有超过0.6。

表7.6 相关系数矩阵

	VR	CR	CV	PNS	SIZE	DA	EPS	PROF	GROW
VR	1.000								
CR	0.901	1.000							
CV	0.267	0.725	1.000						
PNS	0.613	0.648	0.195	1.000					
SIZE	0.186	0.115	-0.214	0.089	1.000				
DA	-0.073	-0.116	-0.174	-0.151	0.463	1.000			
EPS	0.225	0.243	0.066	0.410	0.157	-0.283	1.000		
PROF	0.312	0.341	0.168	0.259	0.177	-0.314	0.326	1.000	
GROW	-0.165	0.282	-0.334	0.325	0.154	-0.189	0.255	0.163	1.000

7.4.3 共线性诊断

各解释变量之间的相关有可能使回归模型存在着共线性风险，下面用 VIF 来进行共线性诊断。表7.7 为计算出来的 VIF 值总表：

表7.7 共线性诊断

VIF 变量 \ 模型	模型1	模型2	模型3	分组1	分组2
VR	1.515				
CR		1.451			
CV			1.163	1.128	1.216
SIZE	1.334	1.516	1.326	1.387	1.219
DA	1.626	1.257	1.261	1.377	1.365
EPS	1.449	1.225	1.309	1.414	1.281
PROF	1.503	1.556	1.439	1.383	1.308
GROW	1.222	1.486	1.283	1.451	1.501

从表7.7可以看出，VIF值处于0～10之间，说明各变量之间基本不存在多重共线性。

7.4.4 回归分析

下文将观测样本分别代入前面的三个模型进行回归分析，得到回归结果模型1、模型2和模型3。将终极控制人及其控制的其他企业所持限售股比例≤0.2的样本代入模型3，得到回归结果分组1，将终极控制人及其控制的其他企业所持限售股比例≥0.5的样本代入模型3，得到回归结果分组2。所有回归结果如表7.8所示：

表7.8 回归结果汇总

变量	模型1	模型2	模型3	分组1	分组2
C	10.213 ***	10.624 ***	9.361 ***	16.028 ***	7.433 ***
	(12.305)	(12.610)	(11.325)	(18.711)	(9.653)
VR	-0.042 ***				
	(-5.391)				
CR		0.045 **			
		(2.238)			
CV			-0.852 ***	-0.909 ***	-0.983 ***
			(-5.106)	(-3.735)	(-4.626)
SIZE	-0.715 **	-0.515 ***	-0.469 ***	-0.653 ***	-0.307 ***
	(-2.152)	(-9.328)	(-9.836)	(-8.022)	(-4.751)
DA	-1.925 ***	-1.926 ***	-1.910 ***	-3.348 **	-2.282 ***
	(-9.377)	(-9.726)	(-9.716)	(-2.229)	(-7.229)
EPS	0.524 **	0.417 ***	0.433 ***	0.522 **	0.313
	(2.165)	(5.108)	(5.515)	(2.213)	(1.065)
PROF	2.283 ***	2.502 *	2.442 ***	2.159	4.335
	(8.368)	(1.820)	(9.921)	(1.220)	(1.024)
GROW	2.524 **	2.351 **	2.707 **	0.313	0.661
	(2.138)	(2.149)	(2.134)	(1.407)	(1.286)

变量	模型 1	模型 2	模型 3	分组 1	分组 2
INDU	控制	控制	控制	控制	控制
YEAR	控制	控制	控制	控制	控制
R^2	0.425	0.419	0.373	0.307	0.305
Adj. R^2	0.420	0.396	0.348	0.281	0.295
F	85.361***	83.527***	82.405***	32.219***	18.629***
Prob	0.000	0.000	0.000	0.000	0.000

注：＊＊＊表示在 1% 水平上显著，＊＊表示在 5% 水平上显著，＊表示在 10% 水平上显著，括号内为各变量系数的 t 值。

从表 7.8 可以看出，三个回归方程均在 1% 的水平上通过了 F 检验，说明模型具有有效性，回归方程具有比较强的解释力。

模型 1 中，终极控制权比例的系数为负，且在 1% 的水平上与被解释变量即公司绩效显著相关，说明我国上市家族企业的终极控制权与公司绩效之间呈现显著的负相关关系，符合前面提到的假设 1。

模型 2 中，现金流量权比例的系数为正，且在 1% 的水平上与被解释变量即公司绩效显著相关，说明我国上市家族企业的现金流量权与公司绩效之间呈现显著的正相关关系，与前面提到的假设 2 相符。

模型 3 中，两权分离的系数为负，且在 1% 的水平上与被解释变量即公司绩效显著相关，说明上市家族企业的两权分离越大，公司绩效越小；两权分离度越大，越会为家族控股股东侵害小股东的利益提供便利，公司绩效更趋于下降。也说明我国上市家族企业的两权分离程度与公司绩效之间呈现显著的负相关关系，符合前面提到的假设 3。

表 7.8 中的分组 1 和分组 2 表明，2 个组的两权分离系数都为负，且在 1% 的水平上显著。其中分组 2 的 t 值相较分组 1 有明显的提高，说明终极控制人及其控制的其他企业所持限售股比例越高，两权分离程度对

公司绩效的负面影响越显著,符合前面提到的假设 4。这一结果表明,与终极控制人及其控制的其他企业所持限售股比例低的企业相比,终极控制人控制的限售股比例越高,其通过两权分离掠夺上市家族企业利益的动机越强。

从回归结果也可以看到,公司规模与公司绩效在 1% 的水平上呈现显著的负相关关系,表明我国上市家族企业规模越大,公司绩效越小。可能是我国上市家族企业发展壮大后,由于自身的原因如管理不善、家族继承等,导致企业发展效果反而没有发展初期那么好。在 1% 的水平上,资产负债率与公司绩效呈现显著的负相关关系,表明我国上市家族企业资产负债率越大,公司绩效越小。可能是我国上市家族企业负债增大时,经营情况不够理想导致。每股收益与公司绩效在 5% 的水平上呈现显著的正相关关系,表明我国上市家族企业每股收益越大,公司绩效也越大。但每股收益系数在分组 2 中没有通过显著性检验,说明终极控制人及其控制的其他企业所持限售股比例较高的情况下,我国上市家族企业每股收益对公司绩效的正面影响不够显著。盈利性与公司绩效在 1% 的水平上呈现显著的正相关关系,表明盈利能力越强的上市家族企业,公司绩效也越大。但盈利性系数在分组 1 和分组 2 中没有通过显著性检验,说明终极控制人及其控制的其他企业所持限售股比例较高的情况下,我国上市家族企业盈利能力对公司绩效的正面影响不够显著。成长性与公司绩效在 5% 的水平上呈现显著的正相关关系,表明成长能力越强的上市家族企业,公司绩效也越大。但成长性系数在分组 1 和分组 2 中没有通过显著性检验,也表明终极控制人及其控制的其他企业所持限售股比例较高的情况下,我国上市家族企业成长能力对公司绩效的正面影响也不够显著。

7.4.5 稳健性检验

由于我国上市家族企业控制权比例相对集中,主要分布在 20% ~ 60% 之间,为了对样本数据的结果进行稳健性检验,现将 20% 的终极控制权标准提高到 25%,即以 25% 作为终极控制权的临界值,以检验缩小样本以后的数据能否支持回归后的假设。以 25% 作为终极控制权的临界值后，在原有样本 849 个观测值里，剔除终极控制权在 25% 以下的样本观测值 134 个，最后得到 715 个终极控制权在 25% 以上的模拟样本观测值，对上述假设和模型进行验证，稳健性检验的回归结果如表 7.9 至表 7.11 所示：

表 7.9   模拟样本变量间相关系数矩阵

	VR	CR	CV	PNS	SIZE	DA	EPS	PROF	GROW
VR	1.000								
CR	0.782	1.000							
CV	0.318	0.739	1.000						
PNS	-0.368	-0.472	-0.272	1.000					
SIZE	0.202	0.073	-0.165	0.088	1.000				
DA	-0.075	-0.095	-0.151	-0.127	0.459	1.000			
EPS	0.187	0.161	0.087	0.316	0.108	-0.238	1.000		
PROF	0.299	0.282	0.177	0.261	0.170	-0.253	0.284	1.000	
GROW	-0.157	0.239	-0.287	0.301	0.084	-0.171	0.250	0.139	1.000

1. 模拟样本变量间相关系数矩阵。从表 7.9 可以看出，终极控制权、现金流量权、两权分离度的系数超过 0.7，可能存在着共线性风险，同样需要将三个变量分别带入模型 1、模型 2 和模型 3 进行回归。其中，PNS 的系数与前文总样本的符号相反，不过相关系数很小，对整体分析影响不大。其他变量间的相关关系与前文总样本的符号相同，系数值变化不大。

2. 模拟样本变量共线性诊断。从表 7.10 可以看出，各个变量的 VIF 值介于 0~10 之间，说明各变量之间基本不存在多重共线性。

表7.10   模拟样本变量共线性诊断

VIF 变量 \ 模型	模型1	模型2	模型3	分组1	分组2
VR	1.429				
CR		1.431			
CV			1.56	1.172	1.185
SIZE	1.276	1.414	1.270	1.386	1.216
DA	1.479	1.170	1.147	1.315	1.253
EPS	1.407	1.151	1.113	1.460	1.192
PROF	1.466	1.483	1.417	1.215	1.189
GROW	1.181	1.423	1.152	1.553	1.427

3. 模拟样本模型回归分析。下文将进一步筛选出来的观测样本715个分别代入前面的三个模型进行回归分析；得到回归结果模型1、模型2和模型3，所有回归结果如表7.11所示：

表7.11   模拟样本模型回归结果汇总

变量	模型1	模型2	模型3	分组1	分组2
C	7.651 *** (7.302)	7.793 *** (7.450)	6.205 *** (6.384)	5.337 *** (4.410)	6.158 *** (4.719)
VR	−0.023 ** (−2.117)				
CR		0.031 ** (2.114)			
CV			−0.623 *** (−3.549)	−0.682 *** (−2.904)	−0.787 *** (−3.617)
SIZE	−0.455 *** (−11.207)	−0.508 * (−2.001)	−0.427 ** (−2.115)	−0.792 *** (−7.922)	−0.168 *** (−3.826)

续表

变量	模型 1	模型 2	模型 3	分组 1	分组 2
DA	−1.883 **	−1.829 ***	−1.834 ***	−2.729 ***	−1.342 ***
	(−2.125)	(−2.620)	(−2.701)	(−3.696)	(−2.033)
EPS	0.382 **	0.316 ***	0.375 ***	0.488 **	0.299
	(2.210)	(2.487)	(2.571)	(2.107)	(1.074)
PROF	1.825 ***	1.772 **	1.730 ***	1.931	3.902
	(2.575)	(2.391)	(2.285)	(1.272)	(1.112)
GROW	1.483 **	1.558 **	1.692 **	0.288	0.494
	(2.117)	(2.119)	(2.128)	(1.525)	(1.705)
INDU	控制	控制	控制	控制	控制
YEAR	控制	控制	控制	控制	控制
R^2	0.457	0.422	0.435	0.309	0.307
Adj. R^2	0.461	0.417	0.419	0.314	0.310
F	77.280 ***	75.792 ***	73.403 ***	27.692 ***	14.589 ***
Prob	0.000	0.000	0.000	0.000	0.000

注：＊＊＊表示在1%水平上显著，＊＊表示在5%水平上显著，括号内为各变量系数的 t 值。

从表7.11可以看出，以25%作为终极控制权的临界值后，我国上市家族企业终极控制权比例的系数为负，且在5%的水平上与被解释变量即公司绩效显著负相关；现金流量权比例的系数为正，且在5%的水平上与被解释变量即公司绩效显著正相关；两权分离的系数为负，且在1%的水平上与被解释变量即公司绩效显著相关，说明上市家族企业的两权分离系数越大，公司绩效越小；表7.11中的分组1和分组2表明，两个组的两权分离系数都为负，且在1%的水平上显著。其中分组2的t值相较分组1有明显的提高，说明终极控制人及其控制的其他企业所持限售股比例越高，两权分离程度对公司绩效的负面影响越显著。

表7.11中显示，盈利性系数和成长性系数在分组1和分组2中没有

通过显著性检验,说明在终极控制人及其控制的其他企业所持限售股比例较高的情况下,我国上市家族企业的盈利性和成长性对公司绩效的正面影响不够显著。

在稳健性检验中,三个模型的拟合度都有所上升,说明使用模拟样本比使用总体样本的拟合度更好。综上所述,使用模拟样本进行回归得到的结果与使用总体样本回归结果基本一致,所以研究结果比较稳健。

从上述数据分析可见,本章关于中国上市家族企业终极控制权与公司绩效之间关系的假设得到了验证,研究假设验证结果如表7.12所示。

表7.12 研究假设验证情况汇总

	研究假设	是否通过验证
假设1	我国上市家族企业的终极控制权与公司绩效负相关	是
假设2	我国上市家族企业现金流量权与公司绩效显著正相关	是
假设3	我国上市家族企业终极控制权和现金流量权的分离与公司绩效负相关	是
假设4	我国上市家族企业终极控制人及其控制的其他企业所持限售股比例越高,其两权分离度对公司绩效的负面影响越大	是

第8章

我国上市家族企业终极控制权
与企业非效率投资的实证分析

本章在前一章的实证分析基础上，继续对我国上市家族企业的终极控制权与企业投资的关系进行实证分析，以检验我国上市家族企业是否存在非效率投资（投资过度或投资不足）的现象。

8.1　引言

从伯利和米恩斯（Berle & Means，1932）提出分散的股权结构到施莱弗（Shleifer，1937）提出集中的股权结构，并进一步发展到拉·波塔（1999）提出终极股权结构，印证着公司治理的理论与实践的不断深入。终极股权结构下的终极控制人通过金字塔结构、交叉持股等方式，使得公司的控制权与现金流量权出现不对称的情况。克莱森斯（2000）认为控制权的加强与两权分离最终影响着终极控制人掏空公司且侵占少数股东的利益。在我国当前背景下，上市家族企业股权高度集中，普遍存在着终极控制人，两权分离的现状十分普遍，终极控制人有动机、也有能力做出符合其私人利益的投资决策。近些年来，我国上市家族企业的投资行为出现了一些问题，如盲目投资、投资效益低下、频繁变更募集资金的投向等。所以，分析终极控制人对上市家族企业投资行为影响的内在机理，对约束终极控制人利益掠夺、提高企业投资效率具有较为重要的现实意义。本章借助投资现金流敏感度，分析终极控制人的终极控制权与上市家族企业投资行为的关系。

8.2 理论分析与研究假设

目前，有两种现代财务理论对企业投资支出与自由现金流之间的关系进行了分析：一种是融资约束理论；另一种是自由现金流假说。上述两种理论均认为上市公司倾向于选择内部融资，以期持有更多的自由现金流，从而达到满足投资的目的，只是融资约束理论倾向于投资不足，自由现金流假说倾向于投资过度，但两者都认为企业的投资与自由现金流之间存在着相关性。我国上市家族企业也面临着资本市场的信息不对称及自由现金流的代理问题，所以，投资对自由现金流有着依赖性。

基于以上分析，提出假设1：

假设1：我国上市家族企业投资与自由现金流之间存在着显著相关性。

我国上市公司面临着与外部股东和银行之间的信息不对称问题，但由于我国上市公司资源的稀缺性，使得其带来的融资机会远远多于非上市公司，信息不对称的存在使得我国上市公司面对的不是融资约束理论所提到的"融资约束"，相反是"融资便利"（饶育蕾等，2006），这种"融资便利"使得上市公司的终极控制人有可能进行过度投资。我国上市公司较多地存在自由现金流的过度投资行为，从总体上说，我国上市公司治理机制抑制自由现金流的过度投资行为的功能较弱（刘昌国，2006）。在不受到融资约束的情况下，终极所有者出于最大化自身利益的考虑会进行过度投资。总之，我国上市家族企业股权高度集中且两权分离使得终极控制人有动机和能力去投资非营利项目以谋取私有收益，这样就容易导致过度投资发生。

基于以上分析，提出假设2：

假设2：我国上市家族企业投资现金流敏感度与过度投资正相关。

有学者研究发现，终极控股股东的现金流量权与投资现金流敏感度负相关，具有抑制过度投资的"利益趋同效应"（孙晓琳，2010）。终极控制人位于上市公司控制链的顶端，其现金流量权的大小与上市公司的利益是一致的。现金流量权的比例越高，终极控制人与上市公司的利益关系越紧密，终极控制人会更注重公司的盈利能力及公司的可持续发展能力，会更加强监督经营者的经营行为，相应地会减少对公司利益的侵占，力使公司正常经营，使得其股权价值最大化，从而减少对上市公司的过度投资行为。所以，现金流量权对过度投资具有抑制作用，在确保控制权的情况下，终极所有者持有的现金流量权越小，其过度投资越严重。

基于以上分析，提出假设 3：

假设 3：我国上市家族企业终极控制人的现金流量权越大，投资对现金流的敏感度越低，现金流量权对过度投资具有抑制的作用。

终极控制人会利用其终极控制权，以及持股的相对隐蔽性和控制方式的多重性，使其不但能够通过影响公司的各种决策为其谋取私利，而且还能够通过多元化投资、贷款担保、关联交易等多种方式将公司资源进行转移，侵害少数股东的利益，达到获取自身利益的目标。特别是在多层级控制链条下，终极控制人两权的分离使其能够通过较低的现金流量权实现对底层公司有效的控制，并且承担的侵占成本也较低，所以，终极控制人有更大的动机和能力进行非效率投资。较多学者的研究表明，终极控制权和所有权的分离与投资现金流敏感度正相关，表明两权分离使得终极控股股东有能力和动机侵占上市公司利益，加剧过度投资。终极控制权与现金流量权分离时，最终控制人倾向于过度投资以实现"隧道效应"（彭文伟、冉茂盛和周姝，2009）。尤其在多层级控制链的情况下，上市公司的两权分离使得终极控制人只需要承担较低的侵占成本，就能够以较低的现金流量权对底层公司进行有效的控制，其具有更大的动机和能力进行非效率投资与利益侵占。

基于以上分析，提出假设 4：

假设 4：我国上市家族企业终极控制权与现金流量权的分离程度越大，投资对现金流的敏感度越高，两权分离度能够加剧其过度投资行为。

自由现金流假说认为自由现金流的约束能够缓解代理问题，因为上市公司的自由现金流较少时，股东与经营者之间的代理问题能够得到一定程度的缓解，而上市公司的自由现金流较多时，股东与经营者之间的代理问题变得更为严重。传统的自由现金流假说更多地关注股东与经理之间的代理问题，而当前普遍存在的股权集中下终极控制人与中小股东之间的代理问题是传统的自由现金流假说所未涉及的，目前国内外许多学者认为该假说也适用于终极控制人与中小股东之间的代理问题，所以，终极控制人也需要充足的自由现金流去侵占上市公司与少数股东的利益，这样，自由现金流的约束就能够有效地抑制终极控制人进行利益侵占行为，从而减少相应的过度投资行为。

基于以上分析，提出假设5：

假设5：与具有较小自由现金流的上市家族企业相比，具有越高自由现金流的上市家族企业，其投资现金流敏感度越高，两权分离对我国上市家族企业投资现金流敏感度的正向影响越大。

8.3　样本、数据来源和变量定义

8.3.1　研究目标

本章通过研究我国上市家族企业终极控制权与企业投资的关系，从而得到相应的证据。

8.3.2　样本选择和数据来源

本章采用2015～2017年上海证券交易所和深圳证券交易所A股上市家族企业平衡面板数据，首先选择了由家族或自然人控制的上市公司每年各295家，然后按照以下筛选标准剔除部分数据：（1）剔除终极控制人不能追溯到家族或自然人的上市公司；（2）剔除终极控制人控制权比例低于20%的上市公司，使所选样本终极控制人最低控制权超过20%，以保证终极控制人可以实现有效控制；（3）剔除ST、＊ST、PT的上市公司；（4）剔除金融保险业上市公司；（5）剔除资料不全无法计算现金流量权的公司、剔除无资本结构的上市公司。经过筛选得到最终研究样本，最后得到 266 家上市家族企业 849 个观测值。

本章研究采用的上市家族企业终极控制权和现金流量权等数据来自 CCER 民营上市公司数据库，财务数据来自 CCER 和 CSMAR 数据库，资本结构的数据主要来自 CCER 数据库，其他数据主要来自 Wind 数据中心和巨潮资讯网年报资料。

8.3.3　变量界定

本章的研究选取三组变量，即被解释变量、解释变量和控制变量。其中，被解释变量为投资支出（I）；解释变量包括自由现金流（FCF）、成长性与自由现金流的交叉项（GROW×FCF）、终极控制人现金流量权与自由现金流的交叉项（CR×FCF）、终极控制权与现金流量权的分离及自由现金流的交叉项（CV×FCF）等 4 个；控制变量包括资产负债率（DA）、盈利性（PROF）、成长性（GROW）、公司规模（SIZE）、年度（YEAR）、行业（INDU）等 6 个。

1. 被解释变量

被解释变量是投资支出。目前，大多数文献采用两种方式来衡量投资支出：一种是用资本支出来衡量，即现金流量表中"构建固定资产、无形资产和其他长期资产所支付的现金"/年初总资产的比值；另一种衡量的方式是资产负债表中"固定资产、工程物资以及在建工程"的年度净增加值与折扣的总和。本书采用资本支出来衡量投资。

2. 解释变量

本章对我国上市家族企业的终极控制权与企业投资的关系进行研究。终极控制权的特征表现为终极控制权和现金流量权的分离，本书用自由现金流（FCF）、成长性与自由现金流的交叉项（GROW×FCF）、终极控制人现金流量权与自由现金流的交叉项（CR×FCF）、终极控制权与现金流量权的分离及自由现金流的交叉项（CV×FCF）作为解释变量。

3. 控制变量

本章的研究重点是中国上市家族企业终极控制权与企业投资的关系，但还有其他因素会对公司的投资产生影响。为尽量保证研究假设更加准确、研究结果更加具有说服力，本研究将影响投资的一些重要的公司特征因素作为控制变量纳入分析框架中来。主要包括：资产负债率（DA）、盈利性（PROF）、成长性（GROW）、公司规模（SIZE）等。为了避免行业和年度的影响，设置了年度（YEAR）和行业（INDU）两个虚拟变量。

以上各个变量具体定义如表 8.1 所示：

表 8.1　　　　　　　　　　　研究变量一览

变量分组	代码	变量解释
被解释变量	I	投资支出 = 现金流量表中"构建固定资产、无形资产和其他长期资产所支付的现金"/年初总资产的比值
解释变量	FCF	自由现金流 = 现金流量表中"经营活动产生的现金流量净额"/年初总资产的比值
	GROW × FCF	成长性与自由现金流的交叉项
	CR × FCF	终极控制人现金流量权与自由现金流的交叉项
	CV × FCF	终极控制权与现金流量权的分离及自由现金流的交叉项
控制变量	DA	资产负债率 = 总负债/总资产
	PROF	盈利性 = 净利润/净资产
	GROW	成长性 =（主营业务收入 - 上年主营业务收入）/上年主营业务收入
	SIZE	公司规模 = 总资产的自然对数
	YEAR	年度虚拟变量。如果是 2013 年取值为 1,否则为 0
	INDU	行业虚拟变量

8.3.4　模型建立

为检验本书提出的 5 个假设，构建以下四个计量模型：

为了检验我国上市家族企业投资与自由现金流之间的关系（即检验假设 1），构建多元回归模型（1）：

$$I = a_0 + a_1 \times FCF + a_2 \times DA + a_3 \times PROF + a_4 \times GROW + a_5 \times SIZE + a_6 \times YEAR_{2013} + \sum \varphi INDU + \varepsilon \qquad 模型（1）$$

为了检验我国上市家族企业投资现金流敏感度与过度投资的关系（即检验假设 2），构建多元回归模型（2）：

$$I = \beta_0 + \beta_1 \times FCF + \beta_2 \times DA + \beta_3 \times PROF + \beta_4 \times GROW + \beta_5 \times SIZE + \beta_6 \times GROW \times FCF + \beta_7 \times YEAR_{2013} + \sum \varphi INDU + \varepsilon \qquad 模型（2）$$

为了检验我国上市家族企业终极控制人的现金流量权与过度投资的关系（即检验假设 3），构建多元回归模型（3）：

$$I = \lambda_0 + \lambda_1 \times FCF + \lambda_2 \times DA + \lambda_3 \times PROF + \lambda_4 \times GROW + \lambda_5 \times SIZE + \lambda_6 \times CR \times FCF + \lambda_7 \times YEAR_{2013} + \sum \varphi INDU + \varepsilon \qquad 模型（3）$$

为了检验我国上市家族企业终极控制控制权与现金流量权的分离与过度投资的关系（即检验假设 4），构建多元回归模型（4）：

$$I = \gamma_0 + \gamma_1 \times FCF + \gamma_2 \times DA + \gamma_3 \times PROF + \gamma_4 \times GROW + \gamma_5 \times SIZE + \gamma_6 \times CV \times FCF + \gamma_7 \times YEAR_{2013} + \sum \varphi INDU + \varepsilon \qquad 模型（4）$$

将全部样本的自由现金流分为高低两组后，使用模型（1）和模型（4）进行回归分析，用来检验假设 5。

8.4　我国上市家族企业终极控制权与企业投资的实证分析

8.4.1　描述性统计

样本中主要变量的描述性统计如表 8.2 所示：

表8.2　　　　　　　　　　　　主要变量描述性统计

指标	最小值	最大值	均值	标准差
I	22.391	142.664	10.702	8.550
VR	23.593	81.164	38.492	14.350
CR	10.821	90.227	27.449	12.852
CV	0.000	47.436	14.023	9.743
FCF	-27.339	192.617	22.461	9.352
DA	1.629	95.825	50.535	16.684
PROF	-1.118	1.763	0.282	0.215
GROW	1.182	2.762	1.309	1.224
SIZE	7.258	13.661	10.206	0.681

从表8.2可以看出，其列出了全部样本观测值的描述性统计结果。企业投资I的均值为10.702，即投资率为10.702%；代表公司成长性水平的营业收入增长率均值为1.309，表明样本公司存在相应的投资机会，各公司的成长性有一定的差距；自由现金流均值为22.461，说明样本公司普遍拥有一定的自由现金流，从而为上市家族企业的过度投资创造了条件。从终极股权结构来看，样本公司的现金流量权均值为27.449，而终极控制权的均值为38.492，表明上市家族企业的终极控制人平均用27.449%的现金流量权掌控着公司38.492%的控制权，其平均分离程度为14.023%，表明上市家族企业普遍存在着股权集中和终极控制的情况，终极控制人有动机和能力操纵上市公司的投资决策，从而引发过度投资的行为。

8.4.2　变量的相关性分析

表8.3列出了主要变量相关性的检验结果。资产负债率与投资支出水平负相关，自由现金流、成长性、公司规模均与投资支出水平正相关，其与经典财务理论的描述相一致。检验模型涉及的变量之间相关系数中，有的系数值较高，可能存在着共线性风险。

表8.3   相关系数矩阵

	I	FCF	DA	PROF	GROW	SIZE
I	1.000					
FCF	0.693	1.000				
DA	−0.087	−0.089	1.000			
PROF	0.258	0.403	0.172	1.000		
GROW	0.175	0.216	0.088	0.278	1.000	
SIZE	0.269	0.152	0.375	0.263	0.101	1.000

8.4.3　共线性诊断

各解释变量之间的相关有可能使回归模型存在着共线性风险，下面用 VIF 来进行共线性诊断。表8.4 为计算出来的 VIF 值总表：

表8.4   共线性诊断

变量 ＼ 模型 VIF	模型 1	模型 2	模型 3	模型 4
FCF	1.317	1.342	1.186	1.137
DA	1.151	1.278	1.474	1.310
PROF	1.282	1.148	1.195	1.373
GROW	1.465	1.588	1.394	1.460
SIZE	1.281	1.465	1.194	1.302
GROW × FCF		1.251		
CR × FCF			1.180	
CV × FCF				1.283

从表8.4 可以看出，VIF 值介于 0 ~ 10 之间，说明各变量之间不存在着多重共线性问题。

8.4.4 回归分析

下文将观测样本分别代入前面的四个模型进行回归分析，得到回归结果模型1、模型2、模型3和模型4。所有回归结果如表8.5所示：

表8.5 回归结果汇总

变量	模型1	模型2	模型3	模型4
C	−0.477 ***	−0.460 ***	−0.499 ***	−0.485 ***
	(−8.729)	(−8.604)	(−9.102)	(−8.923)
FCF	0.171 ***	0.215 ***	0.344 ***	0.165 ***
	(7.820)	(8.528)	(7.309)	(6.919)
DA	−0.062 ***	−0.055 ***	−0.078 ***	−0.064 ***
	(−3.343)	(−3.258)	(−3.893)	(−3.720)
PROF	0.033 ***	0.048 ***	0.045 ***	0.042 ***
	(3.125)	(3.493)	(3.472)	(3.466)
GROW	0.047 ***	0.040 ***	0.044 ***	0.043 ***
	(4.183)	(4.137)	(4.168)	(4.152)
SIZE	0.041 ***	0.048 ***	0.046 ***	0.048 ***
	(10.520)	(10.579)	(10.428)	(10.661)
GROW × FCF		0.045 ***		
		(4.674)		
CR × FCF			−0.528 ***	
			(−6.337)	
CV × FCF				0.462 **
				(5.128)
YEAR	控制	控制	控制	控制
INDU	控制	控制	控制	控制
R^2	0.256	0.173	0.174	0.172
Adj. R^2	0.168	0.164	0.177	0.169
F	25.309 ***	25.121 ***	25.284 ***	24.739 ***
Prob	0.000	0.000	0.000	0.000

注：＊＊＊表示在1%水平上显著，括号内为各变量系数的t值。

从表 8.5 可以看出，四个回归方程均在 1% 的水平上通过了 F 检验，说明模型具有有效性，回归方程具有比较强的解释力。

模型 1 中，FCF 的系数在 1% 的水平上显著为正，说明我国上市家族企业的投资普遍受到自由现金流的影响，投资现金流敏感度存在，符合前面提到的假设 1。上市家族企业的盈利性、成长性、公司规模均与投资支出之间显著正相关，表明上市家族企业的盈利性越大、成长性越好、公司规模越大，投资支出水平越高。资产负债率与投资支出之间显著负相关，表明负债能够抑制上市家族企业的投资支出。

模型 2 中，引入成长性（GROW）与自由现金流（FCF）的交叉项来验证投资现金流敏感度的来源，其系数在 1% 的水平上显著为正（0.045），假设 2 成立。实证结果支持投资现金流敏感度与过度投资正相关的关系，即我国上市家族企业投资现金流敏感度存在的原因更多的是自由现金流过度投资引起的。

模型 3 中，引入现金流量权（CR）与自由现金流（FCF）的交叉项来验证上市家族企业终极控制人现金流量权对投资现金流敏感度的影响，其系数在 1% 的水平上显著为负（-0.528），说明随着终极控制人现金流量权的增加，投资现金流敏感度降低，假设 3 成立。

模型 4 中，引入两权分离度（CV）与自由现金流（FCF）的交叉项来验证上市家族企业终极控制人两权分离度对投资现金流敏感度的影响，其系数在 5% 的水平上显著为正（0.462），说明随着我国上市家族企业两权分离的增加，投资现金流敏感度也相应增加，假设 4 成立。

上述实证结果表明，我国上市家族企业投资现金流敏感度显著存在，自由现金流是影响上市家族企业投资的重要因素之一。终极控制人为了获得控制权私有收益，凭借其掌控的控制权去投资一些净现值为负的项目，从而形成过度投资，损害上市家族企业的利益。终极控制人的两权分离度越大，其承担利益掠夺的成本越低，就越有动机滥用公司的自由现金流，加剧过度投资的行为。当然，随着终极控制人拥有的自由现金流的增加，终极控制人的利益与公司的利益会趋于一致，所以能够降低投资现金流敏感度，减少上市家族企业的过度投资。

为了检验假设5，现将样本总体按自由现金流中位数（22.352）分为高低两组，使用模型1和模型4再次回归检验（如表8.6所示）得出，低现金流样本组与高现金流样本组的投资与现金流之间呈现出显著正相关的关系，但高现金流样本组的系数明显高于低现金流样本组的系数，这说明现金流越多的上市家族企业，投资对现金流越敏感，过度投资越容易发生。另外，在低现金流样本组中，负债与投资之间的系数在与高现金流样本组1%的水平上显著负相关，表明负债能够抑制上市家族企业的投资支出。但是，在高现金流样本组中，负债与投资之间的系数负相关，但未通过显著性检验，所以，负债并没有抑制上市家族企业的投资支出。

表8.6　　　　　　　　　按自由现金流分组的回归结果汇总

被解释变量	I			
	低现金流样本组 （FCF < 22.352）		高现金流样本组 （FCF ≥ 22.352）	
	模型1	模型4	模型1	模型4
C	− 0.410 *** (− 6.217)	− 0.408 *** (− 5.951)	− 0.625 *** (− 7.338)	− 0.614 *** (− 7.015)
FCF	0.092 ** (3.128)	0.087 ** (3.142)	0.108 *** (3.751)	0.096 *** (3.194)
DA	− 0.058 *** (− 3.732)	− 0.059 *** (− 3.814)	− 0.036 (− 1.429)	− 0.032 (− 1.417)
PROF	0.033 *** (3.407)	0.038 *** (3.451)	0.036 *** (3.486)	0.034 *** (3.450)
GROW	0.030 *** (3.562)	0.031 *** (3.575)	0.042 ** (2.319)	0.043 ** (2.313)

续表

被解释变量	I			
	低现金流样本组 （FCF＜22.352）		高现金流样本组 （FCF≥22.352）	
	模型1	模型4	模型1	模型4
SIZE	0.026 *** （7.127）	0.025 *** （7.251）	0.037 *** （7.699）	0.039 *** （7.720）
CV×FCF		0.106 （0.529）		0.483 * （1.982）
YEAR	控制	控制	控制	控制
INDU	控制	控制	控制	控制
R^2	0.161	0.162	0.167	0.170
Adj. R^2	0.152	0.149	0.113	0.138
F	13.338 ***	12.759 ***	8.647 ***	8.120 ***
Prob	0.000	0.000	0.000	0.000

注：＊＊＊表示在1%水平上显著，＊＊表示在5%水平上显著，括号内为各变量系数的t值。

在表8.6中的模型4，在低现金流样本组中，CV×FCF系数没有达到显著性水平，而在高现金流样本组中，CV×FCF系数在10%的水平上显著为正。这说明，上市家族企业现金流较少时，终极控制人虽然有动机为获取控制权私有收益而进行过度投资，但因为现金流不足，使其利益侵占发生的概率降低，过度投资减少。只有高现金流样本组中，终极控制人有充足的现金流这一基础，也即具有利益侵占和过度投资发生的条件。综上所述，假设5成立。

8.4.5 稳健性检验

由于我国上市家族企业控制权比例相对集中，主要分布在20% ~

60%之间，为了对样本数据的结果进行稳健性检验，现将20%的终极控制权标准提高到25%，即以25%作为终极控制权的临界值，以检验缩小样本以后的数据能否支持回归后的假设。以25%作为终极控制权的临界值后，在原有样本849个观测值里，剔除终极控制权在25%以下的样本观测值134个，最后得到715个终极控制权在25%以上的模拟样本观测值，对上述假设和模型进行验证，稳健性检验的回归结果如表8.7至表8.10所示：

1. 模拟样本变量间相关系数矩阵

表8.7列出了各变量相关性的检验结果。资产负债率与投资支出水平负相关，自由现金流、成长性、公司规模均与投资支出水平正相关，其与前面的结论保持一致。检验模型涉及的变量之间相关系数中，有的系数值较高，可能存在着共线性风险。

表8.7　　　　　　　　　　模拟样本变量间相关系数矩阵

	I	FCF	DA	PROF	GROW	SIZE
I	1.000					
FCF	0.755	1.000				
DA	−0.092	−0.083	1.000			
PROF	0.412	0.422	0.286	1.000		
GROW	0.134	0.190	0.084	0.355	1.000	
SIZE	0.332	0.189	0.451	0.173	0.186	1.000

2. 模拟样本变量共线性诊断

各解释变量之间的相关有可能使回归模型存在着共线性风险，下面用VIF来进行共线性诊断。表8.8为计算出来的VIF值总表：

表8.8   **模拟样本变量共线性诊断**

变量 \ 模型 (VIF)	模型 1	模型 2	模型 3	模型 4
FCF	1.335	1.270	1.225	1.058
DA	1.133	1.237	1.450	1.245
PROF	1.326	1.121	1.162	1.341
GROW	1.426	1.550	1.373	1.397
SIZE	1.362	1.326	1.228	1.317
GROW × FCF		1.185		
CR × FCF			1.175	
CV × FCF				1.272

从表8.8可以看出，VIF值处于0～10之间，说明各变量之间基本不存在多重共线性的问题。

3. 模拟样本模型回归分析

下文将进一步筛选出来的715个观测样本分别代入前面的四个模型进行回归分析，得到回归结果模型1、模型2、模型3和模型4，所有回归结果如表8.9所示：

从表8.9的稳健性检验的回归结果来看，4个模型的拟合优度分别为0.183、0.184、0.181、0.185，比表8.5中的拟合优度更高，也说明四个模型都有较好的拟合优度。四个模型F值最小为21.883，且都在1%的显著性水平上。所以，从稳健性检验的回归结果来看，表8.9中的四个模型都具有较为显著的解释力。从各个变量稳健性检验的回归结果来看，都支持前面的假设，实证结果具有一定的稳健性。见表8.9。

表8.9 模拟样本模型回归结果汇总

变量	模型1	模型2	模型3	模型4
C	−0.376 *** (−8.228)	−0.398 *** (−8.075)	−0.412 *** (−8.139)	−0.419 *** (−8.227)
FCF	0.172 *** (7.733)	0.205 *** (8.482)	0.379 *** (7.620)	0.158 *** (6.912)
DA	−0.048 *** (−3.701)	−0.029 *** (−3.537)	−0.041 *** (−3.662)	−0.042 *** (−3.679)
PROF	0.029 *** (3.345)	0.028 *** (3.339)	0.027 *** (3.335)	0.022 *** (3.217)
GROW	0.035 *** (4.226)	0.038 *** (4.289)	0.030 *** (4.234)	0.033 *** (4.248)
SIZE	0.036 *** (8.756)	0.038 *** (8.801)	0.028 *** (8.592)	0.031 *** (8.637)
GROW × FCF		0.034 *** (3.552)		
CR × FCF			−0.446 *** (3.877)	
CV × FCF				0.345 ** (2.008)
YEAR	控制	控制	控制	控制
INDU	控制	控制	控制	控制
R^2	0.262	0.180	0.184	0.186
Adj. R^2	0.183	0.184	0.181	0.185
F	26.214 ***	26.302 ***	26.228 ***	25.701 ***
Prob	0.000	0.000	0.000	0.000

注: * * * 表示在1%水平上显著, * * 表示在5%水平上显著,括号内为各变量系数的 t 值。

4. 按自由现金流分组的模拟样本模型回归分析

从表 8.10 的稳健性检验的回归结果来看，四个模型的拟合优度分别
比前表 8.6 中的拟合优度略高一些，也说明四个模型都有较好的拟合优
度。所以，从稳健性检验的回归结果来看，表中的四个模型都具有较为
显著的解释力。从各个变量稳健性检验的回归结果来看，都支持前面的
假设 5，实证结果具有一定的稳健性。

表 8.10　　　　　　　按自由现金流分组的模拟样本回归结果汇总

被解释变量	I			
	低现金流样本组（FCF＜20.158）		高现金流样本组（FCF≥20.158）	
	模型 1	模型 4	模型 1	模型 4
C	-0.425 *** (-6.256)	-0.436 *** (-6.133)	-0.637 *** (-7.582)	-0.582 *** (-7.329)
FCF	0.132 ** (2.339)	0.115 ** (2.328)	0.128 *** (3.149)	0.130 *** (3.9154)
DA	-0.065 *** (-3.720)	-0.069 *** (-3.598)	0.045 (-1.671)	0.040 (-1.628)
PROF	0.040 *** (3.755)	0.047 *** (3.784)	0.045 *** (3.799)	0.046 *** (3.780)
GROW	0.025 *** (3.609)	0.027 *** (3.657)	0.029 ** (2.362)	0.022 ** (2.309)
SIZE	0.041 *** (5.836)	0.047 *** (5.927)	0.055 *** (5.981)	0.062 *** (5.937)
CV × FCF		0.120 (0.527)		0.495 * (1.924)
YEAR	控制	控制	控制	控制
INDU	控制	控制	控制	控制

被解释变量	I			
	低现金流样本组 （FCF＜20.158）		高现金流样本组 （FCF≥20.158）	
	模型1	模型4	模型1	模型4
R^2	0.170	0.173	0.178	0.176
Adj. R^2	0.160	0.158	0.124	0.139
F	14.259***	14.017***	10.328***	8.520***
Prob	0.000	0.000	0.000	0.000

注：＊＊＊表示在1%水平上显著，＊＊表示在5%水平上显著，＊表示在10%水平上显著，括号内为各变量系数的t值。

从上述数据分析可见，本章关于中国上市家族企业终极控制权与企业投资之间关系的假设得到了验证，研究假设验证结果如表8.11所示。

表8.11 研究假设验证情况汇总

研究假设		是否通过验证
假设1	我国上市家族企业投资与自由现金流之间存在着显著相关性	是
假设2	我国上市家族企业投资现金流敏感度与过度投资正相关	是
假设3	我国上市家族企业终极控制人的现金流量权越大,投资对现金流的敏感度越低,现金流量权对过度投资具有抑制的作用	是
假设4	我国上市家族企业终极控制控制权与现金流量权的分离程度越大,投资对现金流的敏感度越高,两权分离度能够加剧其过度投资行为	是
假设5	与具有较小自由现金流的上市家族企业相比,具有越高自由现金流的上市家族企业,其投资现金流敏感度越高,两权分离对我国上市家族企业投资现金流敏感度的正向影响越大	是

第 9 章

我国上市家族企业终极控制权与
资本结构的实证分析

本章从资本结构的角度，实证分析中国上市家族企业终极控制权与债务期限结构之间的关系，从而对我国上市家族企业的债务融资和债务期限的决策提供参考。

9.1 引言

经典 MM 理论的提出使公司融资决策成为研究关注的重点，在基本杠杆选择方面取得了显著成果。基本杠杆选择假定债务具有同一性，但是，债务在优先性、有无担保、期限等方面明显不同，这些外在条件的设定对公司经营管理具有不同的效应。债务期限结构决策是资本结构决策的重要组成部分，不同期限的债务会直接影响企业的债务成本、自由现金流量、代理成本和内部人私有收益等，因此，企业需要对债务期限做出合理选择。

随着上市家族企业的异军突起，近来很多学者也对其作为一个群体进行了相关的财务研究。古典家族企业的核心特征是家族所有和家族控制合一，即企业所有权和控制权的两权合一。这种特征在企业发展初期有其优势，但随着规模不断扩大，需要从资本市场募集资本，满足其扩张需求，就产生了不同于古典家族企业特征的新家族企业，即控制权和所有权相分离的家族企业。鲁安（Ruan，201）、孙谦和石松（2015）认为，资本结构与债务期限结构是公司融资决策的两大关键因素，但是目前对资本结构研究得比较多，对债务期限结构研究的比较少。目前针对上市家族企业的研究主要集中在公司治理结构对其经营业绩、企业价值的影响，也较少有学者关注家族企业控制和债务期限之间的关系。但家族企业作为一个连续分布的谱系，对其进行研究显得十分必要。

9.2 理论分析与研究假设

1. 终极控制权与现金流量权的分离程度对资本结构的影响

世界范围内的经验表明，在上市家族企业中，大多采用金字塔式的持股结构，当控制权和现金流量权发生分离时会产生财务杠杆效应，此时，终极控制人可以运用较少的现金流便可获得最底端公司较大的控制权，可以控制大量的外部资金。当控制权和现金流量权发生偏离的程度越大时，上市公司越倾向于采用债务融资，使财务杠杆效应的作用越大，以便利用这种杠杆效应获得控制权私有收益。施图兹（Stulz，1979）研究发现，在上市公司中，如果存在着控股股东，其往往会将上市公司的负债水平提高到最优水平之上，以保证控股股东对股权的控制，从而降低其失去对上市公司控制权的风险，所以在控股股东控制的上市公司中，即存在着负债的股权非稀释效应。控制权私有收益的产生须有一个前提，即公司的控制权不被稀释。因此，许多上市公司在融资时，倾向于选择债务融资，负债增加了控股股东对上市公司更多资源的控制，当控制权和现金流量权发生偏离时，终极控股股东或终极控制人会通过关联交易、担保等方式将上市公司获得的债务现金资源转移到自己手中。杜菊兰（Julan，1989）等对中国台湾地区的上市公司进行分析后发现，当控制权和现金流量权偏离的程度越高时，中国台湾地区的上市公司越容易采用较高的负债比例。杜菊兰（Julan，1989）还提出，在存在着终极控股股东的上市公司中，终极控股股东更有动机提高负债，从而达到以较小的现金流量权取得较大的控制权的目的。

基于以上分析,提出假设1:

假设1:我国上市家族企业终极控制权与现金流量权之间的分离程度与上市公司的资本结构正相关。

2. 终极控制权对债务期限的影响

终极控制权表示上市公司终极控制人对该上市公司经营决策的控制力,随着终极控制权的不断增加,终极控制人掠夺债权人和中小股东的动机越强,从而实现终极控制人利益最大化的目标,而债务融资是其获取控制权私利的主要途径之一。从债务融资的期限来看,债务融资可分为短期债务融资和长期债务融资,而不同期限的债务具有不同的效应。对于长期债务融资,上市公司的还款期限较长,短期内没有太大的支付压力,能够增加终极控制人对资产的自由支配程度,且具有资产的替代效应,即终极控制人就可以用高风险、高收益的投资项目来替代低风险、低收益的投资项目,以便获得更高的收益,满足其控制权私有收益的实现。对于短期债务融资,上市公司要承担按期还本付息的压力,减少了终极控制人对资产的自由支配程度,增大了上市公司破产的风险,降低了公司资产替代行为。所以,短期债务融资对终极控制权优势的发挥有着抑制作用,一定程度上不利于终极控制人实现控制权私有收益的最大化。

基于以上分析,提出假设2:

假设2:我国上市家族企业的终极控制权与债务期限负相关。

3. 终极控制权与现金流量权的分离程度对债务期限的影响

当上市公司终极控制权与现金流量权出现分离,终极控制人通过金字塔持股、交叉持股等方式实现对上市公司的控制,更可能凭借对上市公司的控制权将利益从公司转移到自己手中,所以更容易发生各种掠夺行为,容易增强终极控制人掠夺其他利益相关人的动机,从而达到满足其私人收益的目的。施图兹(Stulz,1979)研究发现,短期负债可以减少公司的代理成本,缩短公司的债务有效期限,可以减少源于资产替代和投资不足的代理成本。所以,短期负债可以抑制终极控股股东与中小股东之间的代理冲突,不利于终极控制人实现其掠夺其他利益相关人利益的目标。这样一来，当上市公司的终极控制权与现金流量权的分离程度越大时，极控制人越不愿意选择短期债务融资，而更会愿意选择长期债务融资。

基于以上分析，提出假设3：

假设3：我国上市家族企业的终极控制权与现金流量权之间的分离程度与债务期限负相关。

9.3　样本、数据来源和变量定义

因为在我国上市家族企业中广泛存在着终极控制权的情况，上市家族企业在债务融资时，会充分考虑到债务融资期限的不同所带来的不同的效应，而选择合理的债务融资结构。本章通过研究终极控制权、现金流量权及两权分离的程度对债务期限的影响，从而分析得到相应的证据。

9.3.1　样本选择和数据来源

本章采用2015～2017年上海证券交易所和深圳证券交易所A股上市家族企业平衡面板数据，首先选择了由家族或自然人控制的上市公司每年各295家，然后按照以下筛选标准剔除部分数据：（1）剔除终极控制人不能追溯到家族或自然人的上市公司；（2）剔除终极控制人控制权比例低于20%的上市公司，使所选样本终极控制人最低控制权超过20%，以保证终极控制人可以实现有效控制；（3）剔除ST、＊ST、PT的上市公司；（4）剔除金融保险业上市公司；（5）剔除资料不全无法计算现金流量权的公司、无资本结构的上市公司。经过筛选得到最终研究样本，最后得到266家上市家族企业849个观测值。

本书研究采用的上市家族企业终极控制权和现金流量权等数据来自CCER民营上市公司数据库，财务数据来自CCER和CSMAR数据库，资本结构的数据主要来自CCER数据库，其他数据主要来自Wind数据中心和巨潮资讯网年报资料。

9.3.2　变量定义

本章的研究选取三组变量，即被解释变量、解释变量和控制变量。其中，被解释变量有资本结构（DA）和债务期限结构（DM）2个；解释变量包括终极控制权（VR）和两权分离度（CV）2个；控制变量包括公司规模（SIZE）、资产期限（AM）、固定资产比（TAN）、盈利性（PROF）、成长性（GROW）、非负债税盾（NDT）、年度（YEAR）和所属行业（INDU）共8个。

1. 被解释变量

（1）使用资产负债率（DA）来衡量资本结构。大多数国内外学者采用资产负债率来衡量资本结构。因为资产负债率可以反映债务融资和股权融资在企业总资产中各自占有多大的比例，也可以衡量企业在清算时保护债权人利益的程度。基于我国资本市场不够完善及债务融资在企业融资中占有主要地位的现状，采用短期负债率或长期负债率不能全面反映资本结构。所以，本书选用资产负债率来衡量资本结构，主要用来检验假设1。

（2）使用短期债务占总债务的比重（DM）来衡量债务期限结构。目前，银行借款和商业信用是我国上市家族企业债务融资的两个主要途径，商业信用主要依赖于上市家族企业之间的业务往来关系中彼此的信用，不属于本书的分析范围。所以，本书用银行借款来分析债务融资。并且，以短期债务占总债务的比重来衡量债务期限结构，主要用来检验假设2和假设3。

2. 解释变量

本章对我国上市家族企业的终极控制权与债务期限决策的关系进行研究。终极控制权的特征表现为终极控制权和现金流量权的分离，所以本书用终极控制权（VR）和两权分离度（CV）来度量终极控制权这一变量。

3. 控制变量

本章的研究重点是中国上市家族企业终极控制权与债务期限决策的

关系，但还有其他因素会对公司的债务期限决策产生影响。为尽量保证研究假设更加准确、研究结果更加具有说服力，本研究将影响债务期限决策的一些重要的公司特征因素作为控制变量纳入分析框架中来，主要包括：公司规模（SIZE）、资产期限（AM）、固定资产比（TAN）、盈利性（PROF）、成长性（GROW）、非负债税盾（NDT）6个。为了避免行业和年度的影响，设置了年度（YEAR）和所属行业（INDU）两个虚拟变量。

以上各个变量具体定义如表9.1所示：

表 9.1　　　　　　　　　　研究变量一览

变量分组	变量简称	代码	变量解释
被解释变量	资产负债率	DA	资产负债率 = 总负债/总资产
	债务期限	DM	债务期限 = 短期债务/总债务
解释变量	终极控制权	VR	上市家族企业家族终极控股股东的终极控制权用控制链中最低持股比例表示。如有多条控制链，则将各条控制链最小持股比例加总
	两权分离度	CV	两权分离度 = 终极控制权比例/现金流量权比例
控制变量	公司规模	SIZE	公司规模 = 总资产的自然对数
	资产期限	AM	资产期限 = 长期资产/总资产
	固定资产比	TAN	固定资产比 = 固定资产净值/总资产
	盈利性	PROF	盈利性 = 净利润/净资产
	成长性	GROW	成长性 = （主营业务收入 − 上年主营业务收入）/上年主营业务收入
	非负债税盾	NDT	非负债税盾 = 年度折旧额/总资产
	年度	YEAR	年度虚拟变量。如果是2013年取值为1,否则为0
	所属行业	INDU	行业虚拟变量

9.4　我国上市家族企业终极控制权与资本结构的实证分析

9.4.1　模型建立

为检验本书提出的 3 个假设，构建以下 3 个计量模型：

为了检验上市家族企业终极控制权与现金流量权之间的分离程度与上市公司的资本结构之间的关系（即检验假设 1），构建多元回归模型（1）：

$$DA = a_0 + a_1 \times CV_1 + a_2 \times SIZE + a_3 \times AM + a_4 \times TAN + a_5 \times PROF + a_6 \times GROW + a_7 \times NDT + a_8 \times YEAR_{2013} + \sum \varphi INDU + \varepsilon \qquad 模型（1）$$

为了检验上市家族企业的终极控制权与债务期限之间的关系（即检验假设 2），构建多元回归模型（2）：

$$DM = \beta_0 + \beta_1 \times VR + \beta_2 \times SIZE + \beta_3 \times AM + \beta_4 \times TAN + \beta_5 \times PROF + \beta_6 \times GROW + \beta_7 \times NDT + \beta_8 \times YEAR_{2013} + \sum \varphi INDU + \varepsilon \qquad 模型（2）$$

为了检验上市家族企业的终极控制权与现金流量权之间的分离程度与债务期限的关系（即检验假设 3），构建多元回归模型（3）：

$$DM = \lambda_0 + \lambda_1 \times CV_2 + \lambda_2 \times SIZE + \lambda_3 \times AM + \lambda_4 \times TAN + \lambda_5 \times PROF + \lambda_6 \times GROW + \lambda_7 \times NDT + \lambda_8 \times YEAR_{2013} + \sum \varphi INDU + \varepsilon \qquad 模型（3）$$

其中，模型（1）中被解释变量为资产负债率（DA），模型（2）中被解释变量为债务期限（DM）；a_0、β_0、λ_0 为常数项；a_1、β_1、λ_1 是各变量的回归系数；a_1 为两权分离度对资本结构的影响系数，β_1 为终极控制权对债务期限的影响系数，λ_1 为两权分离度对债务期限的影响系数；ε 为残差项。

9.4.2　描述性统计与实证分析

1. 描述性统计

样本中主要变量的描述性统计如表 9.2 所示：

表9.2 　　　　　　　　　主要变量描述性统计　　　　　　单位:%

变量	最小值	最大值	均值	标准差
DA	1.629	95.825	50.535	16.684
DM	2.412	100.000	74.926	29.281
VR	23.593	81.164	38.492	14.350
CV	0.000	47.436	14.023	9.743
SIZE	7.258	13.661	10.206	0.681
AM	0.937	97.527	43.525	17.349
TAN	0.000	71.208	25.312	15.664
PROF	−1.118	1.763	0.282	0.215
GROW	1.182	2.762	1.309	1.224
NDT	0.000	9.127	2.728	1.364

从表9.2样本的描述统计来看,可以得出如下结论:

(1)资产负债率最大值为95.825%,最小值只有1.629%,均值为50.535%。这说明上市家族企业债务融资的规模较大,比例较高,反映了债务融资是样本公司重要的融资方式。由于最大值和最小值之间的差异达到94.196%,反映了上市家族企业之间的债务融资程度不均衡。

(2)债务期限最大值为100%,最小值为2.412%,均值为74.926%。债务变量统计显示上市家族企业的债务主要来源于短期债务,在总债务中所占的比例高。

(3)终极控制权最大值为81.164%,最小值为23.593%,均值为38.492%,这说明我国上市家族企业存在明显的终极控制。

(4)两权分离度最大值为47.436%,平均值为14.023%,这说明我国上市家族企业两权分离度较高。

上述描述性统计表明,我国上市家族企业普遍存在终极控制权现象,短期债务是企业最重要的债务融资方式。但是,终极控制权现象的存在是否对债务期限决策有影响还需要进一步分析。

2. 变量相关性分析

从表9.3可以看出，终极控制权和两权分离度与资产负债率显著正相关，相关系数为0.065和0.152，所以终极控制权越大，两权分离度越大，则资产负债率越高，与前面的假设1相符。终极控制权和两权分离度与债务期限显著负相关，相关系数分别为 −0.088 和 −0.141，所以终极控制权越小，两权分离程度越小，短期债务越多，同样符合前面的假设2和假设3。

表9.3　　　　　　　　　　相关系数矩阵

	DA	DM	VR	CV	SIZE	AM	TAN	PROF	GROW	NDT
DA	1.000									
DM	0.172	1.000								
VR	0.065	−0.088	1.000							
CV	0.152	−0.141	0.253	1.000						
SIZE	0.509	−0.374	0.150	0.239	1.000					
AM	−0.092	0.084	−0.139	0.142	0.037	1.000				
TAN	−0.066	0.125	−0.127	0.104	−0.022	0.176	1.000			
PROF	−0.115	0.053	0.228	0.011	0.217	−0.736	0.079	1.000		
GROW	0.070	0.083	0.364	−0.018	0.175	0.218	0.256	0.171	1.000	
NDT	−0.089	0.152	−0.091	0.159	−0.044	0.163	0.082	0.071	0.205	1.000

控制变量方面，公司规模和资产负债率显著正相关，资产期限、固定资产比、盈利性和资产负债率显著负相关，成长性和资产负债率显著正相关，非负债税盾和资产负债率显著负相关。

3. 共线性诊断

各解释变量之间的相关有可能使回归模型存在着共线性风险，下面用 VIF 来进行共线性诊断。表9.4为计算出来的 VIF 值总表：

表9.4   共线性诊断

VIF 变量 ＼ 模型	模型 1	模型 2	模型 3
VR		1.642	
CV	1.289		1.458
SIZE	1.247	1.620	1.513
AM	1.428	1.637	1.442
TAN	1.521	1.726	1.236
PROF	1.281	1.254	1.349
GROW	1.657	1.349	1.182
NDT	1.253	1.508	1.364

从表9.4可以看出，VIF值处于0～10之间，说明各变量之间基本不存在着多重共线性的问题。

4. 多元回归分析

上述相关性分析没有控制其他变量对资产负债率和债务期限的影响，可能导致结果存在一定的偏差，所以，需要利用多元回归分析来进一步检验假设。表9.5分别是基于模型（1）、模型（2）和模型（3）的实证分析结果。

表9.5   回归结果汇总

变量	模型 1	模型 2	模型 3
C	-143.192^{***} (-13.387)	270.360^{***} (15.617)	285.371^{***} (15.490)
VR		-0.061^{**} (-2.216)	

变量	模型 1	模型 2	模型 3
CV$_1$	0.066 *** (4.258)		
CV$_2$			−0.080 *** (−4.283)
SIZE	0.479 *** (14.702)	−0.419 *** (−10.109)	−0.347 *** (−10.207)
AM	−0.177 *** (−3.582)	−0.030 (−0.417)	−0.042 (−0.751)
TAN	0.120 * (1.785)	−0.036 (−0.421)	−0.023 (−0.306)
PROF	−0.247 *** (−7.474)	0.195 *** (6.541)	0.170 *** (2.896)
GROW	−0.182 *** (−3.852)	0.346 *** (8.707).	0.153 *** (3.116)
NDT	−0.078 * (−1.851)	0.179 *** (3.216)	0.164 *** (2.830)
INDU	控制	控制	控制
YEAR	控制	控制	控制
R^2	0.270	0.151	0.144
Adj. R^2	0.249	0.147	0.136
F	59.625 ***	21.922 ***	21.581 ***
Prob	0.000	0.000	0.000

注：＊＊＊表示在1%水平上显著，＊＊表示在5%水平上显著，＊表示在10%水平上显著，括号内为各变量系数的 t 值。

由表9.5可以得到的主要结论有：

（1）表9.5中的第2列是以资产负债率作为被解释变量，以两权分离度作为解释变量的回归结果，回归系数为正，两权分离度与资产负债率在1%的水平上显著正相关，即终极控制权和现金流量权分离程度越大，资产负债率水平越高，实证分析的结果支持假设1。

（2）表9.5中的第3列和第4列是以债务期限为被解释变量，终极控制权和两权分离度作为解释变量的回归结果，回归系数都为负，实证分析表明，终极控制权在5%的显著性水平上和债务期限呈显著负相关，支持假设2；两权分离度在1%的显著性水平上和债务期限呈显著负相关，支持假设3。

从控制变量与资产负债率、债务期限的关系来看，回归结果主要有：

（1）公司规模（SIZE）与资产负债率在1%的水平上著正相关，与债务期限在1%的水平上著负相关。表明公司规模越大，越易于从外部获得债务；且公司规模越大，短期债务越小，可能更倾向于获得长期债务。

（2）资产期限（AM）与资产负债率在1%的水平上显著负相关，说明资产期限较长时，上市家族企业减少负债。资产期限与债务期限的回归系数为负值，但未通过显著性检验。

（3）固定资产比（TAN）与资产负债率在10%的水平上显著正相关，说明固定资产净值越大时，上市家族企业会越倾向于增加负债。固定资产比与债务期限的回归系数为负值，但未通过显著性检验。

（4）盈利性（PROF）与资产负债率在1%的水平上显著负相关，与债务期限在1%的水平上显著正相关。表明盈利能力越强的上市家族企业，会越倾向于减少负债，也会越倾向于增加短期债务。

（5）成长性（GROW）与资产负债率在1%的水平上显著负相关，与债务期限在1%的水平上显著正相关。表明成长能力越强的上市家族企业，会越倾向于减少负债，也会越倾向于增加短期债务。

（6）非负债税盾（NDT）与资产负债率在1%的水平上显著负相关，与债务期限在1%的水平上显著正相关。表明非负债税盾较大时，上市家族企业会更倾向于增加负债达到减税的目的，且企业也会更倾向于增加短期债务。

5. 稳健性检验

由于我国上市家族企业股权较为集中，为了对样本数据的结果进行稳健性检验，现将20%的终极控制权标准提高到25%，即以25%作为终极控制权的临界值，以检验缩小样本以后的数据能否支持回归后的假设。以25%作为终极控制权的临界值后，在原有样本849个观测值里，剔除终极控制权在25%以下的样本观测值134个，最后得到715个终极控制权在25%以上的样本观测值，稳健性检验的回归结果如表9.6和表9.7所示：

表9.6为模拟样本变量间相关系数矩阵。从表9.6可以看出，终极控制权和两权分离度与资产负债率正相关，与前面的假设1相符。终极控制权和两权分离度与债务期限负相关，同样符合前面的假设2和假设3。

控制变量方面，公司规模和资产负债率显著正相关，资产期限、固定资产比、盈利性和资产负债率负相关，成长性和资产负债率正相关，非负债税盾和资产负债率负相关，这与前面的分析一致。

表9.6   **模拟样本变量间相关系数矩阵**

	DA	DM	VR	CV	SIZE	AM	TAN	PROF	GROW	NDT
DA	1.000									
DM	0.159	1.000								
VR	0.062	−0.093	1.000							
CV	0.150	−0.147	0.231	1.000						
SIZE	0.514	−0.318	0.127	0.239	1.000					
AM	−0.081	0.072	−0.116	0.137	0.041	1.000				
TAN	−0.073	0.131	−0.135	0.090	−0.019	0.166	1.000			
PROF	−0.124	0.030	0.238	0.019	0.241	−0.755	0.047	1.000		
GROW	0.042	0.073	0.380	−0.015	0.176	0.238	0.259	0.113	1.000	
NDT	−0.079	0.152	−0.079	0.165	−0.048	0.187	0.077	0.061	0.093	1.000

表9.7为稳健性检验的回归结果。从表9.7的稳健性检验的回归结果来看，三个模型的拟合优度分别为0.275、0.152、0.149，相比表9.5中的拟合优度更高，也说明表9.5和表9.7中的三个模型都有较好的拟合优度。三个模型F值最小为18.826，且都在1%的显著性水平上。所以，从稳健性检验的回归结果来看，表9.5和表9.7中的三个模型都具有较为显著的解释力。从各个变量稳健性检验的回归结果来看，都支持前面的假设，实证结果具有一定的稳健性。

表9.7　　　　　　　　　　模拟样本模型回归结果汇总

变量	模型1	模型2	模型3
C	-136.442 *** (-9.987)	263.825 *** (10.763)	277.659 *** (10.753)
VR		-0.072 *** (-3.158)	
CV_1	0.058 *** (2.955)		
CV_2			-0.067 *** (-3.039)
SIZE	0.425 *** (15.328)	-0.325 *** (-9.715)	-0.367 *** (-9.792)
AM	-0.183 *** (-3.622)	-0.022 (-0.396)	-0.045 (-0.782)
TAN	0.116 * (1.752)	-0.046 (-0.488)	-0.032 (-0.327)
PROF	-0.212 *** (-7.137)	0.176 *** (6.133)	0.167 *** (2.935)
GROW	-0.188 *** (-3.949)	0.362 *** (9.157)	0.161 *** (3.077)
NDT	-0.065 * (-1.817)	0.193 *** (3.372)	0.174 *** (2.914)

续表

变量	模型 1	模型 2	模型 3
INDU	控制	控制	控制
YEAR	控制	控制	控制
R^2	0.281	0.160	0.153
Adj. R^2	0.275	0.152	0.149
F	58.474 ***	20.570 ***	18.826 ***
Prob	0.000	0.000	0.000

注：＊＊＊表示在1%水平上显著，＊＊表示在5%水平上显著，＊表示在10%水平上显著，括号内为各变量系数的 t 值。

从上述数据分析可见，本章关于中国上市家族企业终极控制权与债务期限决策之间关系的假设得到了验证，研究假设验证结果如表 9.8 所示。

表 9.8 　　　　　　　　　　**研究假设验证情况汇总**

	研究假设	是否通过验证
假设 1	我国上市家族企业终极控制权与现金流量权之间的分离程度与上市公司的资本结构正相关	是
假设 2	我国上市家族企业的终极控制权与债务期限负相关	是
假设 3	我国上市家族企业的终极控制权与现金流量权之间的分离程度与债务期限负相关	是

第 10 章

重庆上市家族企业发展情况及对策分析

前面的章节主要从总体上分析终极控制权和我国上市家族企业的相关问题，本书以重庆上市家族企业为例，对重庆上市家族企业发展的基本情况、存在的问题和建议的对策进行分析。重庆市上市家族企业在过去十几年中经历了"从无到有，从一家到多家"的发展过程。在这一发展过程中，重庆市上市家族企业数量不断增加，行业分布逐渐增多，对重庆市上市公司整体素质提高和促进经济发展起到了一定促进作用，但从总体上看，重庆市上市家族企业仍表现出了数量少、规模小、公司盈利能力过低等明显特征，这远不能满足重庆建设长江上游经济金融中心的目标的实现对上市家族企业发展的实际需求。

10.1 重庆上市家族企业发展的基本情况

10.1.1 重庆上市家族企业的总体数量情况

1994～2016 年，重庆市上市家族企业的数量已经由原来的 1 家（上交所）上升到 14 家。在 1994～2016 年的 20 多年间，重庆市上市家族企业的数量保持着缓慢上升的势头，到 2016 年底重庆市上市家族企业数量上升到了 14 家，上市公司数量是 1994 年的 14 倍。

同时据有关统计，截至 2016 年 6 月 30 日，我国共有 2868 家 A 股上市企业，其中，有 912 家为家族企业，相比 2015 年增加 28 家。重庆市上市家族企业总数为 14 家，仅占全国上市家族企业总数的 1.5%。截至 2017 年年初，西部地区非国有上市公司共有 225 家，重庆市非国有上市公司的总数为 24 家，只占西部地区非国有上市公司总数的 10.7%。如果缩小范围，就上市家族企业的数量而言，重庆市上市家族企业的数量也比较少。

10.1.2 重庆上市家族企业的行业分布

截至 2017 年年初，重庆的 14 家上市家族企业的分布共涉及多个行业，与以往相比，行业涉及面有所增加。可见，重庆上市家族企业中，涉及医药生物、房地产和机械/运输设备的上市公司占据了主导。具体如表 10.1 所示：

表 10.1 重庆上市家族企业部分信息

序号	股票代码	上市家族企业名称	涉及的行业	上市时间
1	000656	金科地产集团股份有限公司	房地产	2011
2	000688	建新矿业股份有限责任公司	采矿业	1997
3	001696	重庆宗申动力机械股份有限公司	交运设备	1997
4	002004	华邦颖泰股份有限公司	医药生物	2004
5	002558	重庆新世纪游轮股份有限公司	旅游	1997
6	300006	重庆莱美药业股份有限公司	医药生物	2009
7	300122	重庆智飞生物制品股份有限公司	医药生物	2010
8	600565	重庆市迪马实业股份有限公司	房地产	2002
9	600666	奥瑞德光电股份有限公司	制造行业	1993
10	601777	力帆实业(集团)股份有限公司	运输设备	2006
11	600847	重庆万里控股(集团)股份有限公司	机械设备	1994
12	603766	隆鑫通用动力股份有限公司	运输设备	2012
13	601127	重庆小康工业集团股份有限公司	汽车工业	2016
14	00960	龙湖地产有限公司	房地产	2009.12

注：龙湖地产有限公司在香港联交所主板挂牌上市。

资料来源：2016 年《中国证券期货统计年鉴》。

10.1.3 重庆上市家族企业的盈利能力

盈利能力是公司持续、稳定发展的基础。企业只有保持较强的盈利能力，才能获取生存与发展的动力源。通过对企业盈利能力的分析与考核，能促使企业合理经营，降低成本，提高产品质量和市场竞争力。一般而言，考核企业盈利能力的指标很多，为了分析重庆市上市家族企业当前的盈利水平，这里主要选取了每股收益和净资产收益率两个指标。

1994～2016 年，重庆市上市家族企业的每股收益平均值约为 0.352，净资产收益率约为 13.90，有的年份净资产收益率波动较大（如 2010 年）。2016 年每股收益为 0.345 元，与 2015 年的 0.33 元相比，略有增长。

10.2　重庆上市家族企业发展中存在的主要问题

10.2.1　重庆上市家族企业数量偏少

重庆上市家族企业数量少、规模小，是重庆市上市家族企业发展中存在的首要问题。重庆上市家族企业数量和规模远低于上海、北京和深圳等经济发达地区，甚至低于部分经济同等发展水平的省份，具体可见表 10.2 所示：

表 10.2　　　　　　　　　西部地区上市公司一览

省、市、自治区	上市公司总数(家)	国有上市公司总数(家)	非国有上市公司总数(家)	非国有上市所占比重(%)	备注
重庆	46	22	24	52.2	截至 2017 年 3 月底
四川	111	37	74	66.7	截至 2017 年 3 月低
贵州	23	15	8	34.8	截至 2017 年 3 月底
云南	32	21	11	34.4	截至 2017 年 5 月底
广西	35	17	18	51.4	截至 2016 年 6 月底
西藏	14	4	10	71.4	截至 2017 年 3 月底
青海	10	6	4	40.0	截至 2016 年 2 月底
甘肃	29	15	14	48.3	截至 2016 年 6 月底
宁夏	12	6	6	50.0	截至 2017 年 2 月底
新疆	50	28	22	44.0	截至 2017 年 3 月底

省、市、自治区	上市公司总数（家）	国有上市公司总数（家）	非国有上市公司总数（家）	非国有上市所占比重（%）	备注
内蒙古	26	9	17	65.4	截至 2017 年 7 月底
陕西	45	28	17	37.8	截至 2017 年 3 月底
总计	433	208	225	51.9	

注：上市家族企业分布在非国有上市公司中。

资料来源：2016 年《中国证券期货统计年鉴》。

根据表 10.2，先看西部地区上市公司的情况，截至 2017 年年初，西部地区上市公司共有 433 家，而重庆只有 46 家，仅占西部地区上市公司总数的 10.%。而相邻的四川省已达到 111 家，占到了西部地区上市公司总数的 25.6%。重庆市上市公司数量在西部地区排名第 3。

再看非国有上市公司的情况，截至 2017 年年初，重庆市非国有上市公司的总数为 24 家，只占西部地区非国有上市公司总数的 10.7%。而相邻的四川省已达到 74 家，占到了西部地区非国有上市公司总数的 32.9%。重庆市非国有上市公司数量在西部地区排名第 2。

从这些数字可以看出，重庆市上市家族企业在西部地区所占份额偏小，也低于相邻的四川省。这与重庆争取建设成为长江上游经济和金融中心的目标不相匹配。

10.2.2 重庆上市家族企业行业分布不合理

上市家族企业行业分布不合理是重庆地区上市公司发展中存在的另一个重要问题。具体来看，上市家族企业行业分布不合理主要体现在：地区产业布局和经济发展重点的高科技和新兴产业类上市公司在整个上市公司中所占比重过小。按照行业分类对重庆地区上市公司进行分析，前文已谈到，截至 2016 年年底，重庆的 14 家上市家族企业涉及金融服务业类的还没有。从总体上看，重庆正越来越重视高新技术在综合竞争力和经济发展能力中的作用，但这一点在上市家族企业的行业分布中没有能够很好地体现。截至 2017 年年初，重庆市上市公司共 46 家，但还没有一家上市公司涉及金融服务业。金融服务业对一个地区的经济发展起着非常重要的协调作用，它为整个经济提供服务的效果如何，是衡量一个地区金融运行状况的重要指标。重庆要建成西南地区的金融中心，必须大力发展金融服务业，增加金融服务业类上市家族企业的数量，提高金融服务业企业的规模和运作效率。

10.2.3　重庆上市家族企业盈利能力不强

重庆有的上市家族企业出现了亏损，如万里股份在 2015 年和 2016 年连续两年出现了亏损的情况，2016 年亏损 4270 万元，被处以退市风险警示。近年来上市家族企业盈利能力弱一直是困扰重庆地区上市公司发展的一个重要问题，重庆市上市家族企业的盈利能力低于全国平均水平。通过每股收益和净资产收益率两个指标的纵向考察和横向对比可以看出，重庆市上市家族企业盈利能力低的问题经过近几年的发展并没有得到很好的改观和解决。上市家族企业的盈利状况是关系到投资者是否愿意长期持有上市家族企业股票的最关键因素，如果上市家族企业长期不能走出低盈利能力的困扰，那么投资者则对上市公司股票失去信心，认为没有继续持有股票的必要。这样必然大大限制上市家族企业在资本市场的融资活动，从而制约上市家族企业规模的扩大和持续稳定的发展，影响其在区域经济发展和资本市场之间应有积极作用的发挥。

10.3　增强重庆上市家族企业发展能力的对策建议

10.3.1　促进家族企业上市，扩大上市规模

改变重庆市上市家族企业数量少、规模小的局面，提升重庆地区区域竞争力，必须高度重视对资本市场的充分利用，必须大力培植和发展上市家族企业，增加上市家族企业的总体数量，并扩大上市家族企业的

规模。

第一，要促进更多家族企业上市。政府相关部门应主动协助培育优质家族企业，引导、鼓励、帮助和推动这些优质家族企业上市，充分利用资本市场，提升家族企业的经济实力，为家族企业的长远发展、为重庆的经济发展开辟一条有效利用资本市场的通道。这就要求：一是政府加强领导，可以成立家族企业上市工作指导机构，协调家族企业和相关部门之间的关系，促进家族企业上市及已上市家族企业实现再融资。二是广泛深入宣传、引导，扎实开展培训，营造家族企业上市的良好氛围。政府相关部门要通过宣传、引导，在舆论上创造一个良好的鼓励和推动家族企业积极上市的氛围，打消一些家族企业思想上存在的怕上市被规范、怕上市门槛太高、上不去等认识，同时，通过组织考察取经，举办培训班，邀请证管办、中介机构和证券专家授课辅导等形式，帮助家族企业普及、提高证券及资本市场知识，使家族企业进一步统一思想，转变观念，形成自觉争取上市、合力推进上市的局面。

第二，政府要加大培育中介公司和高级财会人员的力度，用心打造资本市场服务机构，为家族企业上市做好各种服务工作。

第三，尽快出台鼓励家族企业上市的政策措施。建议重庆市政府借鉴其他兄弟省区市的经验，结合重庆实际，抓紧制订对拟上市家族企业采取的扶持政策措施，对拟上市家族企业在改制设立股份有限公司及进入辅导期阶段涉及的税收、土地、产权界定、有关服务收费等政策性问题和历史遗留问题，在不构成上市障碍的前提下做出妥善处理或制定优惠政策。家族企业在投资高新技术项目、技术改造时，优先推荐享受国家及地方贴息贷款和科技扶持资金。家族企业上市后，根据企业所做的贡献，在一定期限内，可由政府给予适当的奖励，以扶持家族企业的发展。通过推进家族企业上市，建立现代企业制度，增强核心竞争力，促进生产要素向优势产业企业集中，扶持家族企业做大做强。

第四，根据不同类型家族企业，有针对性地加强业务指导和工作协调，促进家族企业上市工作的开展。对已有条件上市的家族企业，要引导并协助其结合自身特点，选择合适的上市途径。如对科技含量高、成长性好的家族企业，可争取在中小企业板市场上市；对实力雄厚、资金充裕、管理能力强的家族企业，可探索买壳上市；选择合适家族企业在境外上市。

第五，还应当通过多种手段，如资产重组等扩大家族企业上市规模，迅速实现上市家族企业的规模经济效应的发挥和经营业绩的提高。

10.3.2　加快产业结构调整与升级

没有一个合理的产业结构，资本市场资源配置效率将降低，上市公司对经济、社会发展的作用也将减弱。因此，重庆市上市家族企业的发展，也必须高度重视产业结构的调整和升级，利用其自身优势，结合经营范围与能力，把重庆市产业结构调整与家族企业未来发展目标相结合，可以重点采取以下几个方面的做法：

第一，要明确在产业结构调整中体现重庆地区的产业特色和未来产业发展的重点方向，把产业结构调整和对资本市场的利用很好地结合起来。

第二，继续加大对早期各上市家族企业特别是中小型上市家族企业的支持力度，通过提高传统产业技术含量与产品质量，做大做好具备优势的传统产业上市家族企业。同时，通过兼并重组，推动部分上市家族企业向适应重庆地区优势的产业转化，增强这些企业的发展能力，促使其在证券市场上有更好的表现，并以此为契机，扩大这一部分上市家族企业的上市规模。

第三，按照产业结构调整的方向，充分重视金融、信息类等企业的发展，大力支持金融、信息、公共服务业和基础产业等行业上市家族企业的发展，进一步突出这些上市家族企业在区域经济发展当中的重要作用。因为只有高科技类企业才是未来产业发展的重点，才是经济持续稳定健康发展的有效支撑。同时，大力发展金融服务业类上市家族企业，不仅可以更好地发挥金融在经济发展中的重要作用，而且可以更好地促进重庆成为西南地区金融中心目标的实现。

10.3.3　完善公司治理结构

完善重庆市上市家族企业公司治理结构，既要通过股权分置改革等措施建立合理的股权结构，完善公司外部治理结构，还要通过其他措施完善上市家族企业内部治理结构。完善重庆市上市家族企业内部治理结构，一是要加强和改善董事会建设，强化上市家族企业及高管人员的诚信责任评价制度，继续规范监事会的产生机制，真正行使监事会的监督职权，推进决策、执行、监督等新三会职权的相互监控、相互制衡，才能减少各种投机、违法、违规行为，有效保护投资者利益，全面提升重庆市上市家族企业质量。二是要在重庆市上市家族企业中推行独立董事制度。独立董事制度发挥的作用很大。在美国的公司里，一般要求在企业董事会里，必须有四位以上是独立董事。董事会要通过一项决议不但必须经2/3的董事通过，还必须经2/3的独立董事通过，这种制度能够形成真正的决策机制，而且不完全以产权来决定。三是要在重庆市上市家族企业内部建立有效的激励与约束机制。股权激励的一个做法是推行职工持股制度。在美国，真正的职工持股制度是一种奖励，就是奖励给职工股份，职工退休后可以卖掉所持有的这种股份。这种长期的持股制度在美国很成功，而且是经过法律确认的。这种持股制度作为一种奖励股份制度，可以有几种形式：一是直接用现金低价购买；二是贷款购买；三是直接奖励。股权激励的另一个做法是股票期权制，主要是奖励高层管理人员。同时，有效的约束机制也应当是多方面的，有股权约束、奖酬约束、制度约束等。

10.3.4　加强管理和科技创新

重庆上市家族企业管理相对落后，创新不足，所以管理者要在深入研究和学习各种先进管理办法和经验的基础上结合实际，创造适合自身情况的管理模式，加快上市家族企业的发展。而且，管理者要注意增加产品的科技含量，积极探索"产学研"结合的道路，加快技术开发和进步。

第 11 章

主要结论及未来研究展望

这是本书上篇的最后一章，首先笔者根据实证分析的结果对本书的主要研究结论进行总结，然后分析了存在的不足之处，并指出了未来的研究方向。

11.1 主要结论

本章的主要研究内容分为三个部分：第一部分是文献综述和定性分析，第二部分是我国上市家族企业终极控制权与企业行为的关系。关于第一部分，本书对终极控制权结构的理论文献和实证文献进行了梳理；从我国上市公司终极控制人的经营行为、投资行为和融资行为分析其对公司绩效的影响，然后从有关终极控制权特征的 9 个方面（控制权持有比例特征或股权集中度、控制权实现路径特征、控制权实现方式特征、家族控制权内部结构特征、现金流量权、家族对公司管理参与度、地域差异、两权分离度、董事长和总经理两职合一等）定性分析了其对我国上市家族企业绩效的影响。第三部分是重庆上市家族企业发展情况及对策分析。

在第一部分梳理了终极控制权结构的理论文献和实证文献和相关定性分析后，本书第二部分接着分析了终极控制权与我国上市家族企业行为的关系，主要从公司绩效、非效率投资和资本结构的角度，采取实证分析的方法，收集了相应的上市家族企业的财务数据及股权结构数据，实证分析后得出如下结论：

1. 我国西部地区上市家族企业终极控制权、现金流量权及其分离程度与企业价值的关系

在我国西部地区上市家族企业中，现金流量权多集中在 5% ~ 50% 之间，占总数的 88.3%，5% 以下及 50% 以上的企业相对较少，仅占总数的 11.7%，现金流量权在 30% 以上的只有 18 家，占 23.8%。现金流量权与终极控制权之比多集中在 0.5 ~ 1 之间，这个区间共有 56 家企业，占总数的 71%。终极控制权与现金流量权没有分离的企业有 58 家，占总数的 25.10%。西部地区上市家族企业中，控制权多采用金字塔模式，金字塔模式比自然人控股模式更为普遍。在样本企业中，有 66 家采用了金字塔模式，占总数的 84.4%。西部地区上市家族企业的现金流量权和终极控制权的差异越大，家族股东与上市公司之间的关系链条可能更加错综复杂，家族控股股东更加容易侵害小股东的利益，导致企业价值将更容易受到破坏。西部地区上市家族企业价值 Tobin's Q 与是否采用金字塔结构之间的相关关系不显著。在控制资产规模和资产负债率后，西部地区上市家族企业的净资产收益率 ROE 与家族终极控制权显著正相关，这意味着上市家族企业有动机改善上市公司的经营业绩，只有这样，才能使家族控股股东的各种利益得到保证。

2. 我国上市家族企业终极控制权与公司绩效的关系

在我国上市家族企业中，现金流量权多集中在 10% ~ 30% 的区间，达到上市家族企业总数的 57.15%，而绝大多数上市家族企业的终极控制权集中在 20% 以上，且有 58.27% 的上市家族企业的终极控制权集中在 20% ~ 40%，甚至有 8.27% 的上市家族企业的终极控制权在 60% 以上，显示出了我国上市家族企业强烈的控制权欲望。接下来的研究发现，我国上市家族企业的两权分离现象十分明显，约有 72.18% 的上市家族企业的两权分离度集中在 0.5 ~ 1。上市家族企业的两权分离度越大，越会为家族控股股东侵害中小股东的利益提供便利，公司绩效越趋于下降。

进一步研究发现，我国上市家族企业的终极控制权与公司绩效负相关，表明终极控制权的存在使得上市公司终极控制人具有侵占中小股东利益的动机和能力，由此可能会带来上市公司绩效的下降。我国上市家

族企业现金流量权与公司绩效显著正相关，表明我国上市家族企业现金流量权较高时，更能够减弱终极控制人对中小股东利益掠夺的意愿，进而提高公司绩效；我国上市家族企业终极控制权与现金流量权的分离与公司绩效负相关，上市家族企业的两权分离度越大，越会为家族控股股东侵害中小股东的利益提供便利，公司绩效越差；我国上市家族企业终极控制人及其控制的其他企业所持限售股比例越高，其两权分离度对公司绩效的负面影响越大，这表明，与终极控制人及其控制的其他企业所持限售股比例低的企业相比，终极控制人控制的限售股比例越高，其通过两权分离掠夺上市家族企业利益的动机越强。

3. 我国上市家族企业终极控制权与企业非效率投资的关系

我国上市家族企业的投资普遍受到自由现金流的影响，存在投资现金流敏感度。上市家族企业的盈利性、成长性、公司规模均与投资支出之间显著正相关，表明上市家族企业的盈利性越大、成长性越好、公司规模越大，投资支出水平越高。在低现金流样本组中，资产负债率与投资支出之间显著负相关，表明负债能够抑制上市家族企业的投资支出。我国上市家族企业投资现金流敏感度存在的原因更多的是自由现金流过度投资引起的。随着我国上市家族企业终极控制人现金流量权的增加，投资现金流敏感度降低。随着我国上市家族企业两权分离的增加，投资现金流敏感度也增加。

研究接着发现，我国上市家族企业显著存在投资现金流敏感度，自由现金流是影响上市家族企业投资的重要因素之一。终极控制人为了获得控制权私利，凭借其掌控的控制权去投资一些净现值为负的项目，从而形成过度投资，损害上市家族企业的利益。终极控制人的两权分离度越大，其承担利益掠夺的成本越低，就越有动机滥用公司的自由现金流，加剧过度投资的行为。当然，随着终极控制人拥有的自由现金流的增加，终极控制人的利益与公司的利益会趋于一致，所以能够降低投资现金流敏感度，减少上市家族企业的过度投资。

进一步研究发现，在高现金流样本组中，负债并没有抑制上市家族企业的投资支出。上市家族企业现金流较少时，终极控制人虽然有动机为获取控制权私有收益而进行过度投资，但因为现金流不足，使其利益侵占发生的概率降低，过度投资减少，而终极控制人有充足的现金流这一基础，也即具有利益侵占和过度投资发生的条件。

4. 我国上市家族企业终极控制权与资本结构的关系

我国上市家族企业广泛存在着终极控制权和现金流量权分离的现象。两权分离度越高，资产负债率水平越高。表明两权分离度越高，我国上市家族企业越倾向于采用债务融资，以便获得更多可控制的资源，达到获取控制权私有收益的目的，且随着分离程度的加大，终极控股股东具有更强的控制和侵害效应。我国上市家族企业债务期限和两权分离度显著负相关，企业债务期限和终极控制权之间呈显著负相关的关系，这表明我国上市家族企业在选择债务融资时不倾向于短期债务，因为短期债务能够起到监督作用和减少自由现金流的作用，以削弱终极控股股东的控制权私利和利益侵占效应。金融机构借款作为我国目前债务融资的主要表现形式，是上市家族企业获取更多可控资源的主要来源。但是我国目前公司治理结构不完善，且债权人法律保护环境较弱，银行更倾向于提供短期贷款，因此我国银行贷款融资目前还主要表现为短期贷款。

我国上市家族企业终极控制人现金流量权与资本结构调整速率正相关。表明随着终极控制人的现金流量权的增加，企业实际资本结构朝着目标资本结构方向的调整速率变快。随着终极控制人的现金流量权的增加，终极控制人的利益与公司的利益高度协同一致，并在资本结构调整过程中表现出较高的效率。现金流量权的增加降低了企业资本结构的调整成本，从而加快了调整速率。

我国上市家族企业终极控制人的控制权与资本结构调整速率正相关。说明随着终极控制权的增加，企业实际资本结构朝着目标资本结构方向的调整速率变快。终极控制权的增加会使得企业权利更加集中，从而有利于提升企业内部决策的效率。终极控制权的增加降低了企业资本结构的调整成本，从而加快了调整速率。

进一步研究发现，我国上市家族企业终极控制人的两权分离度与资本结构调整速率负相关。表明随着两权分离度的提高，企业实际资本结

构朝着目标资本结构方向的调整速率变慢。随着企业的两权分离和边际
成本的增加，债务融资成本和股权融资成本的同时增加，又使得企业调
整资本结构所带来的收益远远小于其调整成本，因此企业的调整动力会
减弱，调整速率也就会变慢。终极控制人为了使侵占中小股东的行为更
为隐蔽，所以在较高的两权分离度时更愿意资本结构的调整速率变慢，
进而可以实现自身的利益最大化。

在第三部分，本书以重庆上市家族企业为例，对重庆上市家族企业
发展的基本情况、存在的问题和建议对策进行分析。

11.2　存在的不足及未来研究展望

由于笔者的能力、水平有限，以及一些客观条件的约束，本书还存
在着诸多的不足，需在未来的进一步研究中加以完善：

（1）本书中的样本数据大多来源于上市公司的年报和数据库，有可
能会出现数据虚报或遗漏的情况，所以难免会出现一些误差，可能使得
本书研究的结果和实际的结果存在着一定程度上的偏差。

（2）文中选取的指标主要集中在终极控制权等相关变量上，可能在
对终极控制权有影响的控制变量的选用上存在着不足，例如：没有对公
司治理特征、行业回归等相关指标进行充分的考虑，这可能在一定程度
上会影响本书研究的效果。在未来的研究中，对相关终极控制权有影响
的控制变量的选择上需进一步完善。

（3）影响终极控制人实现控制权方式的因素较多，但本书未能对我
国上市家族企业终极控制人实现控制权方式的影响因素进行分析研究。
未来的研究可以进一步分析我国上市家族企业终极控制人实现控制权的
决策模式，并深入探讨多种模式下产生的公司治理问题。

（4）文中没有将我国上市家族企业控制链的个数与层级纳入分析研
究的范围。我国上市家族企业终极控制人通过采用金字塔结构，愿意采
用较长的控制链，进而最终控制上市公司。所以，未来的研究应考虑我
国上市家族企业控制链的层级及控制链的个数对企业投融资行为、对公

司绩效的影响。

（5）文中仅仅检验了我国上市家族企业的两权分离度对非效率投资的影响，但是未考虑终极控制人对投资项目的偏好。在未来的研究中，应在综合考虑终极控制人对投资项目的偏好的情况下进一步加强研究我国上市家族企业的投资行为。

（6）文中没有比较研究不同性质终极控制人的两权分离对公司绩效的影响。现实中，两权的分离不仅在我国上市家族企业中存在，也在我国国有上市公司中广泛存在。国有上市公司和上市家族企业的两权分离对公司绩效的影响有无区别，如果有区别的话，区别有多大等等问题，在未来的研究中需要充分考虑。

（7）在分析我国上市家族企业终极控制权与公司绩效之间的关系时，没有对我国上市家族企业非财务绩效进行系统分析，从而有可能使得公司绩效的分析存在着一定的缺陷。未来的研究需要结合非财务绩效指标来进行探讨。

我国家族企业公司治理
行为与自主创新的研究

第 12 章

绪论

12.1 研究的背景和意义

12.1.1 研究的背景

改革开放四十年以来，中国经济得到了高速的发展，令全世界震惊。但同时必须看到，我国经济的发展模式是资源依赖型和劳动密集型，经济之所以能够高速增长，主要依赖的是较为丰富的资源、相对较低的劳动力成本优势和本国巨大的市场容量。但随着经济全球化的快速进程及跨国经济的迅速发展，上述的优势正逐渐消失。当前急需思考的是：我国企业依靠什么优势立足于日益竞争激烈的市场呢？如果企业还是停留在传统的发展思维方式上，如果没有自主知识产权的核心技术，则日后很容易被日渐激烈的竞争所淘汰。以往我国一些企业之所以能够获得成功，主要依靠引进国外先进的技术，借鉴国外成功的经验，即便有一些创新，许多也是属于模仿式的创新。如果一个企业没有形成自己特有的竞争优势，则很难长久地立足于市场。一个企业要想可持续地发展，其根本途径还是要不断地自主创新。党和国家在 21 世纪初就早已洞察到了自主创新对于经济发展的重要意义，并将其作为国家发展战略的核心。并且，国家又颁布了一系列政策措施，如财政、税收、政府采购等诸多方面的措施，其目的是为了大力支持我国企业的自主创新。2017 年 11 月，习近平总书记在中共十九大报告中也明确指出，"加快建设创新型国家。创新是引领发展的第一动力……建立以企业为主体、市场为导向、产学研深度融合的技术创新体系，加快对中小企业创新的支持。"

可见，国家非常重视企业尤其是中小企业的自主创新，并明确指出进行自主创新的主体并不是国家政府，而是企业，尤其是中小企业。企业既是市场经济的主体，也是自主创新的主体。企业为社会提供商品和服务，实现利润最大化是企业的最终目标。企业的自主创新也是一个商业化的过程，其包含了从创新想法的产生到实现商业化运营的各个阶段，最终目标是要实现创新产品和服务的商业价值。虽然企业的自主创新需要较高的投入，如人力、物力和财力等的投入，还有可能面临着失败的可能性。但是，一旦企业的创新取得成功，其边际收益远大于边际成本，企业也可以从成功的创新中获得持续不断的收益，国家经济也能够实现可持续的增长，建设创新型国家的目的也就在于此。所以，加强企业尤其是中小企业对自主创新的重视，提高企业自主创新的积极性，提升企业自主创新的能力就显得十分重要。

那么，如何促进企业的自主创新呢？公司治理机制是其中的有效途径之一。公司治理机制是企业得以运转的内部决定机制，公司治理行为贯穿着企业战略决策的制定、资源的配置和企业生产经营过程控制等各个方面、各个阶段，它从根本上决定了企业的发展方式和发展方向。既然自主创新是企业实现可持续发展的方式和手段，就必然受到公司治理行为的影响。2011 年发布的首份《中国家族企业发展报告》显示，在占中国经济总量 70% 以上的民营企业中，有 85.4% 的民营企业是家族企业，家族企业成为中国民营企业的主体。那么，基于前面的分析，在我国经济总量中占有相当比重的家族企业的公司治理机制和公司治理行为也会深深地影响着家族企业的自主创新，所以，本书以家族企业为研究对象，分析其公司治理行为和自主创新的关系。

12.1.2 研究意义

一方面，学者们有关公司治理和自主创新之间关系的研究，主要的研究对象是美、日、德等技术经济发达的国家，较少涉及对发展中国家和转型国家的研究。并且，较多的研究涉及企业的内部治理机制，对企业的外部治理机制涉及相对较少。本书兼顾了公司内部治理机制和外部治理机制，从我国上市家族企业公司治理行为的角度，探讨了其与企业自主创新之间的关系，及其对企业自主创新的影响，构建了我国上市家族企业公司治理机制对企业自主创新影响的框架体系，并对我国上市家族企业公司治理机制和企业自主创新这两者间的关系和影响路径进行了实证研究，并提出了相应的对策建议。该研究丰富了公司治理和企业自主创新方面的理论研究，对今后学者们进行进一步全面、系统的研究有着一定的理论指导意义。

另一方面，本书的研究具有一定的实践意义。当前，虽然我国经济总量仅次于美国，排名全球第二，但我国仍属于发展中国家，我国的科技发展总体水平与世界强国相比仍存在着较大的差距。我国上市家族企业作为经济发展的主要部分之一，其自主创新的能力还不够强，创新的动力还不足。很多上市家族企业并没有意识到公司治理对其自主创新的重要作用，即使有部分上市家族企业已经意识到这种重要性，但由于诸多因素的制约，不能很好地发挥公司治理机制的作用。所以，研究公司治理和企业创新，对于上市家族企业提高自我的创新能力，激发自主创新的积极性有着十分重要的意义。我国上市家族企业如果能够完善好公司治理机制，提升自主创新的能力，则能够促进我国经济的可持续发展。

12.2 研究的目的和研究的内容

12.2.1 研究的目的

既然企业的自主创新会受到公司治理行为的影响，所以本书研究的目的是通过理论和实证研究，探讨我国上市家族企业公司治理机制如何影响企业的自主创新，并针对我国上市家族企业自主创新存在的一些问题，从公司治理行为的角度探讨解决的办法。通过研究我国上市家族企业的自主创新与公司治理机制之间的关系，探讨影响我国上市家族企业自主创新绩效的公司治理关键因素，并提出完善公司治理机制、推进上市家族企业自主创新的对策建议，从而为我国企业自主创新体系的建设和自主创新能力的提升提供理论和实证上的参考。

12.2.2　研究的内容

1. 绪论

说明了本书的研究背景和意义、研究的目的和内容、研究的方法、研究的思路及研究的创新点。

2. 相关概念和理论概述

本部分分别对公司治理、公司治理机制、自主创新以及公司治理行为与自主创新两者之间关系的研究进行梳理，为后续实证研究的展开提供理论依据和逻辑线索。

3. 公司治理行为对我国上市家族企业自主创新的影响

本部分构建了公司治理行为对家族企业自主创新影响的理论框架（包含公司治理的内部机制和外部机制），分析家族企业公司治理行为是通过哪些方面影响自主创新以及如何影响的问题。

4. 我国上市家族企业公司治理行为与自主创新的现状及存在的问题

本部分分析了我国家族企业的公司治理行为及自主创新的现状及存在的问题，结合调查结果分析我国上市家族企业公司治理行为及自主创新的现状，并指出其存在的问题。

5. 我国上市家族企业公司治理行为和自主创新关系的实证研究

本部分对我国上市家族企业的公司治理行为与自主创新的关系进行了实证研究。通过分析收集到的我国上市家族企业的数据，采用SPSS多元统计分析软件和结构方程模型，从公司治理的内部机制和外部机制，对上市家族企业自主创新的相关关系和影响路径进行实证分析。

6. 对策建议与未来研究展望

本部分探讨了我国上市家族企业自主创新的模式和路径选择。根据前面的理论分析和实证分析提出推进我国上市家族企业自主创新的模式和路径选择。并在最后指出了本书该部分研究存在的不足，提出了未来研究的方向。

12.3 研究方法、研究内容、概念模型和创新

理论研究能否得到正确的结论以及能否足够的支撑论点，其关键取决于所选取的研究方法。本书采用的研究方法如下：

1. **理论分析与实证分析相结合的研究方法**

在理论分析方面，介绍了相关公司治理机制和企业自主创新的概念，分析了国内外相关公司治理机制和企业自主创新的研究成果，在此基础上，构建了公司治理机制影响企业自主创新的概念模型。实证研究方面，采用了 SPSS 相关性分析，构建了结构方程，结合我国上市家族企业的公司治理机制和自主创新的相关数据，分析了上市家族企业公司治理机制和自主创新这两个变量的关系。

2. **理论与实际相结合的研究方法**

一方面构建了概念模型，定性地描述了我国上市家族企业的公司治理机制对自主创新的作用机理；另一方面，通过查阅中国科技统计网的相关数据，描述了我国上市家族企业自主创新的现状，运用我国上市公司年报的相关数据进行实证分析，探讨上市家族企业的公司治理机制与自主创新的相关性及公司治理机制会对企业自主创新产生的影响。

本书在我国上市家族企业公司治理与自主创新的作用机理的实证分析中，采用了结构方程建模，它是一种常用的社会经济统计分析技术，能够妥善地处理隐变量与显变量之间的相互影响关系。通过结构方程模型的实证结果，分析了我国上市家族企业的公司治理机制对企业自主创新的影响。

12.4　研究思路

本书的研究思路如图 12.1 所示：

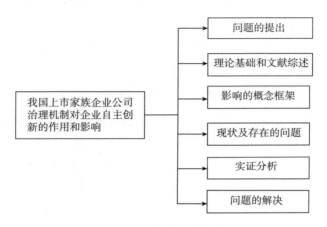

图 12.1　本书研究思路

12.5　研究的创新点

第一，本书视角的创新。本项目不仅从公司治理内部治理机制的角度，而且从公司治理的外部机制，研究了我国上市家族企业公司治理机制与企业自主创新的关系及其影响作用的机理。

第二，本书研究的对象是我国上市家族企业，分析我国上市家族企业自主创新的现状，并针对其存在的问题提出相应的对策建议，这对发展中国家和经济转型国家相关方面的研究有一定的借鉴意义。

第三，本书研究方法的创新。运用 SPSS 软件和结构方程模型实证分析了我国上市家族企业自主创新和公司治理机制这两者之间的关系和影响路径，为未来的研究提供了新的思路。

第 13 章

相关概念和理论概述

本部分在国内外相关文献研究的基础上，对公司治理、自主创新的相关概念和理论以及公司治理对自主创新影响的相关研究进行阐述，从而为后面章节的分析奠定一定理论基础。

13.1 公司治理概述

为了处理代理问题而出现了公司治理行为。科斯（Coase，1937）提出了代理问题，然后由詹森和麦克林（Jensen & Meckling，1976）、法玛和詹森（Fama & Jensen，1983）发展了其理论，其本质是两权的分离即企业所有权和经营权的分离。如何保证投资者在他们的金融投资中获得收益是公司治理的最基本问题。国内外的学者对公司治理的界定并没有形成统一的说法，但综合国内外学者们的观点，主要有四种理论。这些理论虽然不尽相同，但是它们从不同的角度分析了公司治理行为，从而补充和丰富了相关公司治理的理论。

13.1.1 股东至上的关系制衡理论

股东至上的关系制衡理论的主要观点是：由于现代企业所有权与经营权的分离，企业股东追求的利益和经营管理者追求的利益出现不一致，则会导致企业经营管理者的目标与企业所有者的目标发生偏离，甚至两者之间产生利益上的冲突即代理问题。公司治理是一种有效的管理企业内部所有权关系和权力安排、解决代理问题从而保证股东利益最大化的方式之一。在著名的《现代公司与私有产权》一书中，伯利和米恩斯（Berle & Means，1932）指出：公司所有权与经营权出现了分离，现代公司已由受所有者控制转变成为受经营者控制，经营管理者权力的增大存在着损害资本所有者利益的危险。吴敬涟（1996）提出，公司治理结构是指由所有者、董事会和高级执行人员即高级经理人员三者组成的一种组织结构。在这种结构中，所有者、董事会和高级执行人员这三者之间形成一定的制衡关系。通过这一结构，所有者将自己的资产交由公司董事会托管；公司董事会是公司的最高决策机构，拥有对高级经理人员的聘用、奖惩以及解雇权；高级经理人员受雇于董事会，组成在董事会领导下的执行机构，在董事会的授权范围内经营企业。

13.1.2　制度安排理论

吉百利·施威普斯（Cadbury Schweppes，2000）提出，制度安排理论把公司治理看成是一种企业管理控制的制度安排。公司治理确定了企业的战略目标、如何实现该目标以及怎样实现的问题，从而确定了整个公司组织的架构。公司治理涉及的内容十分广泛，包括：配置和行使公司的控制权；监督和评价公司的董事会、任命公司的经理人员；设计和实施公司的激励机制；等等。在1981年4月5日的美国公司董事协会的会议纪要中认为，公司治理结构是保证公司长期战略目标和计划得以确立、保证整个管理结构能够按部就班地实现这些目标和计划的一种组织制度安排；公司治理结构还要保证整个管理机构能够履行下列职能：即维护公司的向心力和完整性；保持和提高公司的声誉；对与公司发生各种社会经济联系的单位和个人承担相应的义务和责任。值得一提的是，该协会对公司治理所做的描述被认为是公司治理最权威的定义。梅耶（1994）认为，公司治理是公司赖以代表和服务于它的投资者利益的一种组织安排。公司治理包涵了从公司董事会到执行人员激励计划的一切东西。普罗兹（1998）提出，公司治理是一个机构中控制公司所有者、董事会和管理者行为的规则、标准和组织。钱颖一（1999）提出，公司治理结构是一套制度安排，用以支配若干在企业中有重大利害关系的团体投资者（股东和贷款人）、经理人员、职工之间的关系，并从这种联盟中实现经济利益。

13.1.3 利益相关者理论

利益相关者理论是由科克兰、沃特克和李普顿等提出来的，该理论主要是以公司所有利益相关群体为研究对象来展开研究的。科克兰和沃特克（1988）提出，公司治理包括了在高级管理层、股东、董事会和公司其他的利益相关者的相互作用中产生的具体问题。李普顿（1996）认为，公司治理结构应当看成是一种手段，并用来协调公司组成成员即股东、管理部门、雇员、顾客、供应商及包括公众在内的其他利益相关者之间的关系和利益，而这种协调应能保证公司的长期成功。该理论考虑了所有应当考虑的股东和利益相关者的利益，对于财富处于高度风险状态中的股东，公司的管理者应负有责任。除此之外，对于其他的利益相关者的投资，公司的管理者也同样负有责任。因此，公司治理不但提供了加强内部所有权关系和权力安排的规则和组织，提供了规避或减少可能由于内部人的机会主义行为而产生的道德风险问题的体制规则，保护了其他股东（如员工和债权人）的利益。这种公司治理的观点，既考虑了公司的投资者利益，也考虑了其他利益相关者的利益，从而为建立完善的公司治理机制的框架提供了一个系统的分析基础。

13.1.4 创新企业的公司治理理论

通过对美国、德国、法国、英国、日本等主要发达国家进行比较分析的基础上，拉让尼克和奥苏丽文（2000）提出了创新企业的公司治理理论。该理论提出：基于新古典经济学的资源配置观点，股东至上的关系制衡理论和利益相关者理论主要集中于研究使现有的资源得到最优的利用，但是，这两种理论忽视了创新企业通过组织过程配置资源的结果是基于经济的发展和劳动生产率的提高，同时也忽视了经济资源开发利用过程的公司治理。所以，创新企业的公司治理理论认为，公司治理应该包含创新资源配置过程中的战略、开发和组织等方面的内容。在公司治理中，只有重视将资源配置于创新的过程，才有可能通过创新保持公司的财富持续增长，并能够缓解不同利益集团在资源和收益分配方面的冲突，避免或减少一个利益集团提高生活水平以另一个利益集团生活水平的降低为代价。

对于公司治理概念的界定，除了上述的四种主要观点之外，还有一些不同的观点。如：吉百利·施威普斯（2000）、麦克米兰等（MacMillan et al.，2004）和佩吉（Page，2005）提出，优秀的企业管理还应包含其他的重要因素，如制定合适的资源配置方案；界定角色和责任；把企业的股东带入期望的方向；拥有充分的专业知识和外部信息；贡献公司管理的技术技巧；执行多样的监管机制等。佩吉（2005）认为，公司治理也应密切关注在公司信息披露过程和日常事务处理中所体现出来的企业诚信度和透明度，这正是公众所关注的焦点。市场的效率和投资者的信心也往往依赖于所披露的相关企业绩效的确切信息。想要在资本市场上体现出企业的价值，企业的披露必须要做到三点：清楚、一致和有可比性（OECD，1999）。并且，为赢得雇员的信任和认可，企业经理和雇员之间信息的透明和披露则显得十分必要。从本质上说，当投资者允许其他人用他们的资金并在高风险的业务安排中作为他们的代表时，公司的代理问题和相应的公司治理问题就已经产生了。所以，在构建和管理股东与投资者之间关系的治理架构上，信誉问题一直起着关键性的作用。

本书对于公司治理的定义主要采用国内学者李维安的观点，即"公司治理是指通过一套包括正式及非正式的、内部或外部的制度或机制来协调公司与所有利益相关者间的利益关系，以保证公司决策的科学化，从而维护公司各方利益的一种制度安排。"该概述指出公司治理的核心目的是决策的科学化，而利益相关者的相互制衡只是保证公司科学决策的方式和途径，实现决策科学化的目的需要依靠公司的内部和外部制度，即公司的内部治理机制和外部治理机制。

13.2 公司治理机制

学术界对于公司治理机制的内涵，并没有达成统一的认识。从前面李维安对公司治理的定义中可以看出，对公司治理机制的定义：公司治理机制是指用来协调公司与所有利益相关者关系的内部或外部的制度或机制。严武（2003）、马东生、陈国荣（2005）提出，公司治理机制可理解为一种制度安排，是对公司治理各要素之间的在其权利、职责和能力基础之上进行的一系列选拔、监督和激励。李无非（2006）认为，公司治理机制是一种制衡机制，用来协调企业内外部不同利益关系者之间的利益和行为。它包括内部治理机制和外部治理机制两个部分。

公司治理机制可以这样理解，它是公司内外部的制度或机制，用以处理公司不同利益相关者之间的关系，从而形成利益相关者的有效制衡，并实现公司既定的经济目标。国内外学者通常将公司治理机制分为两类：一类是公司内部治理机制；另一类是公司外部治理机制。公司内部治理机制，也就是我国学者通常所说的公司治理结构，是指公司的控制权在由出资者、董事会和经理层组成的内部结构之间的分配所达成的安排，从而达到保障公司出资者的投资收益得到实现的目标。公司内部治理机制直接通过股东大会、董事会和监事会等公司内部的决策、执行和监督机制发挥作用。公司外部治理机制指的是超出一个公司的资源规划范围，依靠市场自发或政府干预等实现的降低代理成本的各种途径的总称。公司外部治理机制包括公司法、证券法、会计准则、产品市场竞争、经理市场竞争、控制权争夺、敌意接管、信息披露、社会审计和舆论等。这些分别通过资本市场、产品市场和经理市场等市场来发挥作用。根据公司治理机制的功能划分，主要有四种机制：决策机制、监督和制衡机制、激励机制以及约束机制。

13.2.1 决策机制

实现决策的科学化是公司治理的目的，从而达到公司和股东预期收益的最大化。决策机制就是为了达到这个目的，赋予公司各个部门不同的决策权而形成的决策权利行使和分配的制度安排。针对公司内部存在的股东大会、董事会和经理层的层级关系，决策权力分配也相应会形成一种层级关系，即层级决策机制。公司最高权力决策机构是股东大会决策机制，为公司决策机制的第一层，拥有权力决定公司的投资计划和经营方针，拥有选择和更换董事、监事和高层经营管理者等决策的权力；第二层是董事会决策机制，拥有制定公司的经营目标、管理原则和重大方针，拥有选择、更换和激励公司经理人员的决策权，其对股东大会负责；第三层是经理层决策机制，拥有负责公司日常经营管理层面的决策权。

13.2.2 监督和制衡机制

公司内部的监督机制是指公司所有者对经营者的决策和经营绩效等采取的一系列监察、督导和审核的活动，其目的是维护出资者的利益，规范经营者行为。公司内部治理的监督机制既包括股东大会和董事会对经理人员的制约和监督，又包括监事会对董事会和经理人员的制约和监督。前者通过公司治理结构中的相互制衡关系来实现，而后者主要通过检查监督公司的日常经营活动来实现。

1. 股东大会的监督机制。股东大会代表了股东和公司的利益，是公司的最高权力机构，其负责公司重要的投资计划、经营方针和财务方案的审议，对董事会、经理层以及公司的重大经营活动进行监督。股东大会选举出董事会和监事会执行其部分职能，股东大会对玩忽职守或不称职的董事和监事有罢免和重新选举的权力，其监督权最具有权威和约束性。有效的股东大会监督机制能够激励董事会和经理层努力为公司工作，实现公司和股东利益的最大化。

2. 董事会的监督机制。董事会是公司所有者任命的由公司董事组成的股东代表，其代表股东的利益和意志，行使决策职能和对经理层的管理监督职能。董事会有任命和罢免经营者的权利，监督经营人员正确行使权力，实现公司价值的最大化。对于偏离或违背股东意志和公司目标、侵害公司或股东利益的经营者，董事会可以将其解聘并通过法律手段予以制裁。董事会监督职能的履行，能够积极有效地约束经营者的行为，维护公司和股东的利益。

3. 监事会的监督机制。根据《公司法》的规定，我国公司的董事会和监事会同属于股东大会之下的两个执行机构，监事会具有与董事会平行的地位。监事会是公司内部的专职监督机构，拥有不受其他机构干预而完全独立行使其监督的权力。其基本职能是监督公司的一切经营活动，董事会和总经理是其监督对象。在监督过程中，一旦发现董事会和经理有违反公司制度、损害其他利益相关者及公司利益的行为，可随时要求其纠正。此外，监事会成员还要履行会计财务监督的职责，以便及时了解公司的经营管理决策情况。

13.2.3　激励机制

激励机制是解决公司委托代理之间关系问题的机制，即委托人如何激励代理人，考虑委托人的利益和意志，采取适当的行为，以最大限度地增加委托人的效用。表现在公司中就是如何激励企业的经营者，使其利益与公司所有者的利益趋于一致，努力为公司创造价值，实现公司和所有者利益的最大化，而不是为了一己私利，单纯地追求公司的短期利益。激励机制的目的是吸引最佳的经营人才并且最大限度地调动他们的主观能动性，减少或防止消极怠工和机会主义等道德风险。激励机制主要包括报酬激励机制、经营控制权与剩余支配权激励机制、荣誉或声誉激励机制等。

13.2.4　约束机制

这里所说的约束机制是指公司的外部治理机制，包括控制权市场约束机制、资本市场约束机制、产品市场约束机制和经理市场约束机制等。瑞迪克和塞特（Rediker & Seth，1995）指出，公司外部治理的内容主要包括收购与重组的威胁、产品市场的竞争和管理者市场的竞争等内容，它们是公司外部约束机制的主要构成部分。也有学者如丹尼斯和麦康内尔（Denis & McConnell，2003）将具有制度环境约束的法律制度和执法状况（包括法律制度和收购市场、具有行业规则约束的监管和具有文化环境约束的社会伦理道德准则等）看做是公司治理的外部治理机制。拉·波塔、拉·德·西拉内斯、施莱弗和维什尼（La Porta & Lopez de Silanes & Shleifer & Vishny，1998）提出，法律制度保障了公司规定的强制执行，为投资者权利提供了保护，是公司治理普遍意义上的重要机制。

13.3　自主创新概述

13.3.1　自主创新的内涵

针对我国技术创新模式和技术发展特定阶段，我国学术界提出了"自主创新"这一概念。通过对"市场换技术"创新路径利弊的深刻反思后，这些年来"自主创新"这一概念越来越受到国内学术界和实务界的广泛关注。在国外，很难找到相等同或相对应的概念。格罗斯曼和赫尔普曼（Grossman & Helpman，1994）、安德达森和纳尔迪尼（Anderdassen & Nardini，2005）、伯杰尔曼（Burgelman，2004）提出过"内生创新"的概念，这是较早出现与"自主创新"相似的概念。雷纳和弗朗哥（Rainer A & Franco N，2005）认为，内生创新是相对于模仿创新、外部引进技术创新模式而言的，是指系统内自发的行为。陈劲（1994）在国内首次提出"自主创新"的概念。其含义是"自主技术创新"，是在引进、消化以及改进国外技术的过程中，继技术吸收、技术改进之后的一个特定的技术发展阶段。

在此之后，特别是自主创新提升到国家战略角度，国家提出建设创新型国家以来，国内学术界对自主创新展开了研究，并对自主创新进行了各种界定。施培公（1994）指出，自主创新具有不同层次的含义，当用于表征企业创新活动时，自主创新是指企业通过自身努力，攻破技术难关，形成有价值的研究开发成果，并在此基础上依靠自身的能力推动创新的后续环节，完成技术成果的商品化，获取商业利润的创新活动。

当用于表征国家创新特征时，是指一国不依赖他国技术，而依靠本国自身力量独立研究开发，进行创新的活动。谢燮正（1995）提出，自主创新是相对于技术引进的"他技术创新"，这里的"他"指的是外国的技术，即"以科技成果转化为基础的技术创新模式"。

在《基础研究：自主创新的源头》一文中，中国科学院院士陈佳洱对自主创新进行了划分，其划分方法后来被大多数学者所认可。陈佳洱提出自主创新有三层含义：一是强调原始性创新，即努力获得新的科学发现、新的理论、新的方法和更多的技术发明；二是强调集成创新，使各种相关技术有机融合，形成具有市场竞争力的产品或产业；三是强调对引进先进技术的消化、吸收与再创新。自主创新，就是要把原始创新、集成创新和引进消化吸收再创新结合起来，在积极跟踪、关注和参与原始创新、集成创新的同时，高度重视对引进技术的消化吸收再创新。

综上所述，目前学术界和实务界对自主创新内涵的理解主要有以下三种观点：

第一种观点把自主创新的内涵定位在狭义的技术创新和科技创新方面。认为科技自主创新应该包括三方面的含义：原始创新、集成创新、引进消化吸收再创新。陈佳洱对于自主创新的界定即属于这种观点。也有的学者提出自主创新中的创新专指经济、技术领域的创新活动，也就是通常所说的技术创新。

第二种观点认为自主创新的内涵是指通过组织自身的学习与研发活动，掌握了本领域的核心技术并形成了自主知识产权，能够进行自主开发的能力。自主创新的本质是自主研发和形成自主知识产权的能力。

第三种观点认为自主创新绝不是单指技术，是既包括技术创新，还包括组织创新、管理创新和制度创新等。主张该观点的学者认为现在很多人将自主创新理解为技术创新或者是与科学技术有关的创新是不够全面的。他们认为从理论上讲，自主创新与科技发明并不相同，批判了把自主创新理解为科技实力、成果和专利数的复合体观点。

根据大部分学者对自主创新的理解以及样本数据获得的难易程度，本书所研究的自主创新基于第二种观点，即通过企业的研发活动，研究开发具有自主知识产权的产品或技术来衡量企业的自主创新活动。

经济学家熊彼特自 1912 年提出"创新理论"以来，该理论逐渐趋于完善，其重要性日益凸显，而其中尤其是对企业技术创新理论的研究日趋成熟。对企业技术创新理论，许多国内外学者如克劳福德（Crawford）、霍夫曼（Hoffman）、斯托福德（Stopford）、扎赫拉（Zahra）、伦普金（Lumpkin）、德斯（Dess）、藤田（Fujita）、傅家骥、刘垣等都进行了深入的研究，大都集中在对企业组织、研究与开发、产品创新与工艺创新的协调性、企业家、企业文化等因素对企业技术创新的影响等方面的研究，且不同的学者有不同的判别标准。到目前为止，国内外的学者在以下几个关键性的实际问题上缺乏深入的研究：企业如何进行自主创新；企业如何实现持久创新；企业的创新"内源"是什么等。尤其需要提出的是，从公司内外部治理机制的角度来探讨其对企业自主创新所产生的影响的研究也并不多。

13.3.2　自主创新的特征

1. 长期性

自主创新的实现是一个长期的过程，仅就研发来说，从研发决策的制定、配置研发资源到获取新技术或者开发新技术、精炼别人的技术或者改善自己的技术，将自主创新成果投放到市场实现商业化各个阶段都是一种新的探索，创新过程中会遇到很多意想不到的问题，由于没有可以直接拿来借鉴的经验，企业必然要经历一系列的困难和挫折，这将是一个漫长的过程。将一个产品的构想转化成一系列成功的生产过程和程序，经实践证明是非常昂贵和困难的。所以企业要进行自主创新，就必须面对这个漫长的过程，而且有可能出现不理想的效果甚至其结果是失败的，企业为此付出的代价可能是十分巨大的。但是一旦企业创新成功，其创新的边际成本是很低的，企业便可以持续不断地从成功的创新中获得收益。

2. 成本高

企业若一旦有了一项重大的发现，决定实施时通常不得不大量投资于产品的开发。因为企业要尝试很多未曾涉及的技术探索，并不知道什么时候能够获得成功，而且一旦投入这笔巨大的投资，该投资在短期之内是无法收回的。所以罗蒙（Loom，2002）指出，即使一个重要的发现已经获得专利，因为不确定性因素的存在，企业可能更愿意把这种专利作为一种实物期权，从而延迟其相关的投资和研发成本的投入。因此，将一个有价值的创新发现转化为商业上的成功可能会存在着相当大的滞后性。

3. 不确定性

自主创新过程的另一个特征是每一个阶段都存在着不确定性，且最终的成功需要创新过程的每一个阶段都能成功。曼斯菲尔德（Mansfield，1977）确定了创新的三个不同阶段所对应三种不同的成功条件概率，分别为项目技术目标得到满足的概率（x），由于技术成功生产过程和程序商业化的概率（y）和商业化成功使得项目得到一个满意的投资回报率的概率（z），最终创新活动的成功是这三个概率的乘积xyz。若某个企业在其中的任何一个阶段失败，其付出的投资都将付之东流。所以，许多企业为了规避风险，就选择放弃了自主创新。

13.4　公司治理行为对创新影响的相关研究

国内外学者分别对公司治理机制和自主创新进行的研究有很多，但是将两者进行结合、并从公司治理的角度分析其对企业自主创新的影响、探讨自主创新内源动力的分析研究却不多。综合在这方面的研究，主要集中在以下五点。

13.4.1　公司治理模式

国内外许多学者将公司治理模式分为两种：一种是内部治理模式；另一种是外部治理模式。其中，内部治理模式以德国和日本为典型代表。在该模式中，股权集中在银行和相互持股的企业手中，企业融资来源以银行系统为主，资产负债率高，企业家的创新行为依靠来自于公司内部的模式来约束和激励。而外部治理模式则以英国和美国为典型代表。在该模式中，股权分散在机构投资者和个人手中，对公司经理进行监督主要是通过富有流动性的资本市场、产品市场以及经理市场，企业的融资以从资本市场获得为主。

关于公司治理模式对企业创新的影响，学者们的研究结论不尽相同。梅耶和索斯基斯（Maye & Soskice，1996）认为两种模式各有其优缺点，关键在于这种模式所在国家的产业状况和这种模式的具体目标。米奥佐和德维克（Miozzo & Dewick，2002）通过对欧洲五国（德国、法国、英国、丹麦和瑞典）的对比研究发现，由于各个国家公司治理机制和结构的不同，使得公司治理结构对企业的创新呈现出不同的影响。在英国，公司治理以外部治理为主，机构投资者更看重短期的盈利能力，不利于企业的研发投入。而在德国，公司治理则以内部治理为主，银行、非金融机构以及员工利益的联合，有利于企业的长期研发投入。安德鲁·泰勒科特（Andrew Tylecote，2003）提出，在高新技术产业部门，外部人控制的治理模式和融资模式可能优于内部人控制模式。同时也指出，内部人控制和外部人控制相混合的中间模式可能更为适当和普通，现实中几乎不存在纯粹的外部人公司治理的理想化情况。

13.4.2　董事会结构

可以说，董事会是企业中行使公司治理职能的重要组织结构。公司治理的成效直接受到董事会结构的差异影响。董事会结构的差异主要体现在两个方面：一是董事会成员构成；另一个是董事会职能的执行方式。董事会成员构成是指董事会中公司内部董事与公司外部独立董事的比例关系。董事会职能的执行方式是指董事会亲自负责公司的日常经营还是雇用职业经理人来负责公司的经营问题，即董事会的决策职能与执行职能两者是合一还是分离。国内外学者的相关研究成果如下：贝辛格（Baysinger，1991）、扎赫拉（Zahra，1996；2000）实证研究后发现，外部董事的比例与企业的研发支出之间存在着显著的负相关关系。罗伯特、霍斯基森、迈克尔·A·西特、理查德·A·约翰逊和韦恩·格罗斯曼

（Robert E. & Hoskisson & Michael A. Hitt & Richard A. Johnson & Wayne Grossman，2001）指出外部董事有利于外部创新。徐金发和刘翌（2002）研究发现，公司设置董事会、专业委员会，引入机构投资者，董事长与总经理两职分离，都会对企业技术创新产生正面的影响。陈隆、张宗益、杨雪松（2005）研究指出，总经理在董事会中任职，有利于企业的技术创新。冯根福、温军（2008）研究得出，以证券投资基金为主的机构投资者对企业技术创新有着显著的积极效应，机构持股比例越高，技术创新能力越强；独立董事制度与企业技术创新之间存在着正相关的关系。张扬（2009）认为，董事长与总经理兼任对企业技术创新有着促进作用。

13.4.3 股权结构

公司内部的相互制衡关系受股权的结构构成的影响。股权的集中或分散的程度体现了不同利益主体的意愿。所以对于企业的自主创新来说，股权结构的不同会导致其创新决策和实施效果的不同。范（Van，1993）研究后发现，股权的适度集中易使所有者控制董事会，选择能力更强的经营者，从而有利于促使经营者更加关注企业的长期发展，从而能促进企业技术创新战略的决策和实施。富山和宫川繁（Tomiyama & Miyaga-wa，2004）通过对日本制造业的实证分析，发现大股东的持股比例对研发强度有正影响。王怀宇（2006）研究指出，国有股比例与技术创新在国有股比例小于30%和大于60%时无显著的相关性，而在30%~60%区间时，国有股比例与技术创新正相关。耶马克（Yermack，1996）、扎赫拉（Zahra，2000），陈隆、张宗益、杨雪松（2005），冯根福、温军（2008）、张扬（2009）等人的研究都表明企业的技术创新与股权集中度呈现出"U"型的关系，适度集中的股权结构有利于企业技术创新。冯根福、温军（2008）的实证研究进一步表明，当前五大股东持股比例在45%左右时，其研发投入水平最高，技术创新能力最强。鲁桐等（2014）研究发现，国有第一大股东持股比例与研发投入正相关。李文贵等（2015）研究得出，非国有股权比例与民营化企业的创新活动显著正相关；在不同的非国有股权中，个人持股比例和法人持股比例更高的民营化企业更具创新性，但外资持股比例和集体持股比例对民营化企业的创新不具有显著影响；非国有股权对民营化企业创新的促进效应主要源自经理人观，而不是政治观。李云鹤（2018）研究结果发现，非国有股权对战略性新兴产业公司总创新具有显著的促进作用，而对发明创新没有显著作用效果。

13.4.4 经营者

在企业自主的创新实施过程中，经营者扮演着重要的角色。利益冲突往往发生在所有者决定将其经营企业的权利交给其所雇用的管理者之时。公司所有者与管理者利益和目标的不同，往往会导致不同的自主创新的战略和目标。国内外学者对此进行了研究。伯利和米恩斯（Berle & Means，1932）提出，公司的管理层在持有相当股权的情况下，其将偏离公司价值最大化这一目标。其后，詹森和麦克林（Jensen & Meckling，1976）使用了委托代理理论分析了股东与管理层之间的代理冲突问题并认为，使所有者与经营者的利益保持一致的方法和手段有：对经营者实行股权、股票期权以及其他与当期业绩挂钩的激励机制安排，这样可有效地提高经营者对技术创新的支持力度。在此之后又引发了更多的研究。霍夫曼和希加蒂（Hegarty，1993）指出，企业治理结构通过影响经营者对创新的态度，进而影响企业的技术创新活动。中原康夫（Nakahara，1997）研究后发现，最高管理层（即经营者）对技术创新强有力的支持是在促进企业技术创新的众多因素中最重要的一个因素。扎赫拉（2000）对中等规模企业创新活动的实证研究后发现，企业经理的持股比例与企业技术创新活动显著正相关。徐金发和刘翌（2002）研究指出，随着经营者持股水平的提高，有利于企业的技术创新。夏冬（2003）研究发现，经营者的能力以及经营者对所有者利益关心与否，是公司治理影响企业创新的重要途径，对企业组织管理创新和技术创新都具有显著的影响。张扬（2009）研究指出，对经营者的适当激励有利于企业的技术创新。佐洛（Zollo，2009）、佐洛·毛里齐奥和维托里奥·柯达（Zollo Maurizio & Vittorio Coda，2010）发现，股东与经营者对于创新认识的一致程度影响着企业的技术创新。谢获宝等（2013）利用2005～2010年我国沪深两市A股非金融保险行业1654家上市公司的高管年度薪酬数据，结合企业特征，对不同类型企业的高管薪酬结构与企业绩效的关系进行了实证研究，细化锦标赛理论和行为理论在不同类型企业中可能形成的差异化实施效应。结果显示：我国不同类型的企业都比较适宜采用锦标赛理论制定高管薪酬激励政策，竞争性的高管薪酬结构对于提升企业绩效具有正面作用，均等化高管薪酬结构不利于企业的价值创造；相对于民营企业、小规模企业、低成长企业而言，我国国有企业、大规模企业、高成长企业更宜采用锦标赛理论设计企业高管薪酬结构。因此我国不宜对非金融保险行业国有企业的高管薪酬进行过度均等化的管制，否则会对企业绩效提升和企业价值创造有负面影响。王文华（2014）运用高新技术上市公司2008～2011年面板数据，实证研究了高管持股与研发投资的关系。研究结果表明：对于研发投资战略，高管持股比例较低时具有利益趋同效应，随着持股比例增加，产生管理防御效应；股权性质微弱负向调节公司研发投资强度与高管持股之间的关系；股权集中度负向调节公司研发投资强度与高管持股之间的关系；股权制衡度微弱正向调节公司研发投资强度与高管持股之间的关系。因此，适度的高管持股比例及制约大股东控制的影响将有利于公司加大研发投资。牛彦秀等（2016）选择了高新技术上市公司为研究对象，基于委托代理理论和激励理论提出假设，探讨了高管薪酬水平和薪酬结构对企业自主创新的影响。实证结果表明，以薪金方式或以股权方式，适当给企业高管加薪对企业自主创新的落实有促进作用；且高管薪酬中，股权薪酬所占比重越大，越有利于促进企业自主创新。

13.4.5 负债结构

公司治理对自主创新的影响除上述的四个方面之外，很多学者还分析了企业负债结构的影响。自主创新本身具有长期性、高投入、高风险的特征，企业如果选择自主创新项目受到该特征的影响，企业的自主创新往往需要源源不断的足够的资金支持，所以，负债水平的高低往往会影响到企业资源配置的效率。刘斌、岑露（2004）从契约动因的角度实证研究后发现，我国上市公司资产负债率对研发费用有显著的负影响。王怀宇（2006）研究指出，资产负债率与企业的技术创新之间无显著相关关系。这说明资产负债结构对企业的技术创新约束较弱。但是短期负债率对企业技术创新有负的影响，而长期负债率对企业技术创新有正的影响。于骥和宋海霞（2009）的研究也得出了与王怀宇相类似的结论。其认为，经营者由于短期负债的压力，若无法偿还，经营者则面临着职业风险，因此，短期负债相对会抑制经营者进行创新。而长期负债需要企业具备长期的盈利能力，从而促进经营者选择对促进企业长期发展的技术创新项目。

综上所述，学者们从不同的方面研究分析了关于公司治理机制与企业自主创新的关系，但是可以看出，多数研究主要分析公司内部治理机制对企业自主创新的影响，而较少涉及公司外部治理机制。对于单个企业、整个行业和产业的技术创新来说，相关外部治理机制的研究有着积极的意义。同时也发现，这方面的研究主要侧重于理论分析，缺乏进一步深入的实证研究和分析。就目前的研究分析而言，将公司内外部治理机制结合起来并在此框架下对企业自主创新（包括上市家族企业的自主创新）进行系统研究的文献偏少，这为本书的研究预留了一定的空间。

第 14 章

公司治理行为对我国上市家族企业
自主创新的影响研究

14.1 公司治理机制对我国上市家族企业自主创新影响的研究框架

本章将公司治理的决策机制和监督制衡机制合并，统称为决策监督机制。所以，本章从三个方面即：（1）公司治理的决策监督机制、（2）激励机制和（3）约束机制（外部治理机制）来研究其与我国上市家族企业自主创新的相关关系，即其对自主创新的影响。内部治理是《公司法》所确认的一种正式的制度安排，构成公司治理的基础，主要是指股东（会）、董事（会）、监事（会）和经理之间的博弈均衡安排及其博弈均衡路径。外部治理主要是指通过外在市场的倒逼机制，资本市场、产品市场和劳动力市场等。政府法律监管对市场的部分替代也构成了公司的外部治理，它是公司治理的一个重要的外生变量。具体如图 14.1 所示：

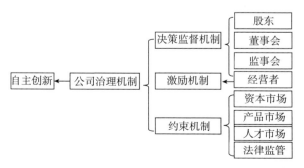

图 14.1　我国上市家族企业公司治理机制对自主创新的影响的研究框架

14.2 决策监督机制对我国上市家族企业自主创新的影响分析

股东、董事会和监事会是决策监督机制实施的主体。

14.2.1 股东

股东决策监督机制对于我国上市家族企业自主创新的影响主要体现在企业的股权集中度上。

股权集中度是指企业前五大股东持股比例。从这个意义上讲,股权集中度有三种类型:一是股权高度集中型。在这种类型下,绝对控股股东一般拥有公司股份的50%以上,对公司拥有绝对的控制权或终极控制权;二是股权高度分散型。在这种类型下,公司没有大股东,单个股东所持股份的比例在10%以下,公司的所有权与经营权基本完全分离;三是股权适度集中型。在这种类型下,公司拥有较大的相对控股股东,所持股份比例在10%~50%之间,同时还拥有其他大股东。

国内外很多学者的研究表明,适度的股权集中度对自主创新是有促进作用的。若企业股权高度集中,绝对控股股东掌握整个公司的决定控制权,不管是决策的制定还是经营管理者的任命、更替及激励,都由绝对控股股东决定,在这种情况下,中小股东的意见不能得以采纳,利益更不能得以保障。绝对控股股东与中小股东的利益冲突比董事会与经理层之间的代理冲突更为突出。若企业股权高度分散,股东对于董事会和经理人的监管就会减弱很多,代理人在缺乏有效监督的情况下,为了个人利益便会追求短期效益的项目,违背股东的意志和利益,使得决策成本和管理成本增加,企业的稳定性降低。

14.2.2 董事会

董事会是股东大会的业务执行机关,体现股东的意愿和利益,是公司的经营决策机构,负责公司或企业的业务经营活动的指挥与管理,对公司股东大会负责，执行股东大会所做的有关公司或企业的重大事项决定。董事会执行的公司治理的内容主要包括战略决策（特别是公司的长远发展规划的决策）的制定执行，对公司高层管理人员的任免、激励，监控整个公司的运营等。董事会的决策监督机制对于公司或企业自主创新的影响主要体现在以下三个方面：

1. 董事会规模

董事会规模是指构成董事会的成员人数。新《公司法》规定，股份有限公司设董事会，其成员为五人至十九人，董事会成员中可以有公司的职工代表。扩大董事会的规模，有利于引入各种不同背景的有才能或有专业知识的人才，在董事会的各项活动中，这些人才能够提供有借鉴意义的意见或建议。若为职工代表，则能够反映出一线职工的意见或建议，使企业能够在决策上减少风险，并能够适时地进行自主创新。泽瑟姆（Zeitham，1992）提出，不同的意见和建议会随着董事会规模的扩大愈来愈多，成员之间沟通和协调的难度也会愈来愈大，决策效率可能会降低，同时董事之间易产生"搭便车"的行为。所以新《公司法》规定了董事会规模的上限。同样，董事会的规模也不能太小，否则不能广泛体现公司股东的意愿和利益。所以，适当的董事会规模对企业的自主创新是有促进作用的。

2. 独立董事比例

董事会结构是指公司内部董事和独立董事之间的比例关系。内部董事是指在公司内部任职的董事，而独立董事是指不在公司内部任职，也不参与公司管理和生产经营活动的企业外的股东和股东大会决议聘任的非股东的专家、学者等。对于完善公司战略决策和监督经理层，独立董事的存在有着十分重要的作用。一方面，独立董事能够为董事会提供相关决策的专业理论知识，当内部董事与公司利益发生冲突时，独立董事能够客观公平地提出建议意见，有利于公司做出科学的决策。另一方面，独立董事通常享有以下一些权利：对关联交易的批准权；召集临时股东大会权；向股东大会和证监会报告权；内部董事和其他管理人员的报酬决定权等。这些权力是独立董事对公司管理层进行有效控制和监督的强力保证。所以，独立董事的引入有利于更好地监督公司的经营管理人员。维斯巴奇（Weisbaeh，1988）发现，以独立董事为主的董事会相比以内部董事为主的董事会，前者更容易撤换公司的 CEO。此外，独立董事还能够一定程度上防止控股股东侵害中小股东的利益，与控股股东、中小股东间形成相互制衡的关系。所以，在董事会中存在一定比例的独立董事对于自主创新是有促进作用的。

3. 两职兼任

两职兼任是指董事长兼任总经理的情况。在董事会职能执行上，有些国家严格区分了董事会的决策职能和执行职能，即董事会在决策制定上起主导作用，经理层负责执行；而有的国家对此并没有进行严格的区分，董事长兼任总经理一职。

两职兼任有利于公司及时地应对外部环境的变化，使董事会能够及时地做出决策，减少或避免了董事会与管理层之间的代理问题，降低了管理成本。但是从某种角度上来说，两职兼任也降低了董事会的独立性，削弱了董事会的控制作用。董事长兼任总经理，权力集中，如果出于自身利益的考虑，可能会发生损害公司和其他股东利益的行为。经理层有可能在企业生产经营活动管理过程中处于支配地位，可能会导致董事会失去实质性的决定权，经理层反过来控制着董事会。

当董事长不兼任总经理时，董事会和经理层的目标和利益很有可能出现不一致，经理层可能会为了个人利益选择短期回报性的项目，而忽视公司的长远发展。如果董事会与经理层的代理问题比较突出，则不利于经理人员与董事会的沟通，容易导致管理成本的增加。但是两职分离使得董事会有较强的独立性，有利于董事会对经理层进行客观的监督和评价。

14.2.3 监事会

监事会是股东大会设立的公司内部的专职监督机构。根据新《公司法》的规定，我国公司的监事会与董事会同属股东大会之下的两个执行机构，监事会具有与董事会平行的地位。监事会的监事不得兼任公司的董事或经理，因此具有不受其他机构干预，完全独立行使监督的权力。监事会的基本职能是监督公司的一切经营活动，包括公司的业务活动及会计事务活动等。董事会和总经理是其监督对象。在监督过程中，一旦发现董事会和经理层有违反公司制度、损害其他利益相关者及公司利益的行为，可随时要求其予以纠正。

监事会直接对股东大会负责，是为了防止董事会和经理层滥用职权、损害公司和股东利益而设立的。所以，监事会的设立有助于董事会和总经理的利益与公司、股东的利益保持一致，有助于促进自主创新项目的选择和决策的制定。

14.3 激励机制对我国上市家族企业自主创新的影响分析

从狭义上讲，公司治理作为一种制度安排，是为了解决董事会与经理层之间的委托代理问题，董事会只做好战略层面上的工作是远远不够的，还需要经营者在企业经营活动管理中贯彻执行，这里所说的经营者是指董事会任命聘用的管理公司日常经营活动的经理人。

委托代理问题和管理层激励约束问题的产生，来源于管理层人员和企业所有者的目标和利益不一致，以及他们之间的信息不完全/信息不对称。董事会作为股东的代表，体现的是股东的利益和意愿，其更倾向于选择对企业长期发展有利的、高投入高风险的技术创新项目，以达到股东利益最大化。而经营者是董事会任命的职业经理人，董事会根据企业的经营效益来衡量其管理的绩效。经营者不能像股东那样通过投资项目组合来分担风险，而且基于经营目标的压力，经营者往往关注短期的、投资见效快的项目，容易忽略企业的长远发展。

激励机制是解决董事会与管理层之间委托代理问题的机制，即董事会如何通过一套理性化的制度、采取适当的行为、最大限度地增加委托人效用的一种机制。一个有效的激励机制能够使企业所有者与经营管理者的目标利益趋于一致，最大限度地调动经营管理者的积极性，激发经营管理层的创新动力，培养他们所需的专业技能和知识，为了公司和股东利益最大化而努力工作，而不是为了追求短期的利益。如果不能对经营管理者进行有效的激励，经营管理者就会缺乏创新的动力，可能只关注短期利益，做出侵害公司和股东的行为，从而增加企业的风险。所以，有效的激励机制有利于促进企业的自主创新。

从激励约束的实践来看，公认的激励管理层的主要手段有：股票、期权、正式货币收入以及各种其他形式的非货币报酬（如在职消费、改善工作条件等）在内的综合报酬。在现阶段的我国证券市场中，授予公司管理层一定数量的认股权证或者期股也成为一种激励方式。实际上，我国上市公司对管理层激励的主要手段是管理层持股和年薪。

14.4 约束机制（外部治理机制）对我国上市家族企业自主创新的影响分析

外部治理机制是指来自企业的外部主体（如政府、中介机构等）和市场的监督约束机制，特别是指资本市场、劳动市场和产品市场等市场机制对企业相关的权利和利益的作用和影响。政府对市场的部分替代也正逐渐成为公司治理机制的一个重要的外生变量。

14.4.1 资本市场

《英汉证券投资词典》解释资本市场是金融市场的三个组成部分之一，是进行长期资本交易的市场。长期资本是指还款期限超过一年、用于固定资产投资的公司债务和股东权益。证券市场是股票、债券、投资基金等有价证券发行和交易的场所，是资本市场的主要构成部分和典型形态。国内外绝大多数企业发展到了一定的程度，都会选择通过发行股票来筹集资金，所以完善证券市场是完善资本市场的关键。

我国的资本市场从 1990 年沪深两市开办至今，已经形成了主板、中小板、创业板、三板（含新三板）市场、产权交易市场、股权交易市场等多种股份交易平台，可以说是资本市场多层次发展的模式。开办最早的证券市场是主板市场；中小板市场开办的目的是适应中小企业的发展条件，在上市标准上比主板市场略低，为发展初期的中小企业提供资金融通，获得强大的资金支持；创业板市场于2009年开办，目的是为了给创新型和成长型的企业提供融资平台，以降低自主创新企业融资的困难和风险；三板（含新三板）市场、产权交易市场、股权交易市场是上海、深圳两家证券交易所之外的交易市场，也就是我国的场外交易市场。

企业开展自主创新，往往需要一次性投入较多的资金，而且短时间内通常不能收回，所以很多企业由于资金筹集问题就止步于自主创新之初。所以资本市场对于促进企业的自主创新有着十分重要的作用。如果资本市场能够给企业提供一个融资平台来解决资金筹集问题的话，企业自主创新的动力和成功率便会提高很多。所以，建立一个成熟的多层次资本市场，对于企业自主创新的促进作用是不可替代的。成熟的多层次资本市场，能够为各层次的企业包括大、中、小型企业提供融资平台和金融服务。

14.4.2 产品市场

产品市场是指可供人们消费的最终产品和服务的交换场所及其交换关系的综合。市场能够通过信息反馈告知企业如下重要的信息：消费者的需求；消费者需要什么；新产品的销售情况；消费者对于新产品的反应；下一阶段开发什么新产品；生产多少；等等，这些信息对于企业自主创新项目的选择和新产品的开发有引导作用。产品市场的竞争性、有序性和开放性是建立企业自主创新外部环境的关键部分。

首先，公司治理一个重要的外部因素是市场的充分竞争。只有在充分竞争的市场体系中，约束与激励机制才能发挥其作用，才能不断地完善公司的内部治理机制。只有在竞争中，企业经营者的能力和努力程度可以通过企业的绩效表现出来。所以，竞争作为激励的一个要素，能够促进公司所有者更有效地激励和监督公司的经营管理者。此外，竞争能把低效率的企业淘汰出去，把有效率的企业筛选出来；竞争的对抗性，能迫使企业资源向有效的地方配置。企业为了维护和扩大自己的利益，会采取各种自我保护和扩张的行为，努力在品种、产品质量、价格、服务等方面创造自身的优势，从而有利于提高整个企业的水平。

其次，加强对知识产权的保护，完善产品市场的法律法规，将给企业的自主创新提供极大的保障。知识产权是对企业自主创新成果的承认和鉴定，维护知识产权发明人、设计者和持有者的合法权益，能够极大地激发企业自主创新动力，促进企业进行自主创新。与国外相比，我国对于企业自主知识产权的保护还不到位，知识产权制度发展还不够成熟。

最后，一个开放的市场，能够使企业之间在更大的范围内和更高的层面上展开竞争和合作，促进企业自觉地进行自主创新，提高自身的能力，以打造适合企业自身的核心竞争力和企业文化，取得更广泛的消费者的青睐，从而有利于提高企业的绩效。

总之，一个完善的市场体系，应该兼具开放性、公平性和有序性，只有如此，才能给企业创造一个公平稳定的创新环境。

14.4.3 人才市场

人才市场，是劳工供求市场，又称为劳动力市场。企业能够从人才市场获得企业自主创新所需的专业人才。现在从职业经理人市场选择并雇用管理层人员还没有成为中国企业通用的方式。

现在，我国的人才市场体制还在发展完善中，还存在着较多的问题。市场供求、价格、竞争机制对人才资源配置的调节作用并不能充分发挥，人才市场供需主体难以完全到位，运行机制不够健全。人才市场的管理体制没有完全理顺，人才的职业安全、就业歧视和权益保护问题还存在。完善的人才市场可以根据企业的需求适时适量地给企业提供所需要的专业技术人才或其他人才，为企业的自主创新带来新的思想观念和专业理论知识。因此，建立一个健全完善的人才市场，其对于促进企业自主创新是十分关键的。

14.4.4 政府法律监管

有效的公司治理机制不仅取决于有效的内部规范和相关主体的素质，

而且在相当程度上也取决于社会法制环境。公司治理必须要依靠外在的法律保障，仅仅依靠公司利益各方的自由契约是不能保障其公平性的。现今我国已建立起了相关的法律体系，如《公司法》《知识产权法》等，其他相关的还有如公司治理的基本原则和标准、股东派生诉讼制度等。

　　良好的法律环境和严格的法律制度有助于企业的自主创新活动，并保障企业健康稳定地成长。通过对不同法系的国家和地区间的资本市场和公司财务行为的比较研究发现，对于投资者权益而言，不同的法律制度和体系具有不同程度的法律保护作用。所以，完善的法律制度能够保证企业的创新收益，保护企业的创新成果，这对于企业自主创新的发展具有十分重要的意义。

第 15 章

我国上市家族企业公司治理行为和企业自主创新的现状及存在的问题

15.1　我国上市家族企业公司治理机制存在的问题

由于我国目前还处于社会主义初级阶段，公司内部和外部治理机制的设计还不够完善，还存在着一些问题。

15.1.1　股权结构过于集中

在我国上市家族企业中，控股股东的股权集中度过高。这种不太合理的股权结构，对企业的自主创新会产生不利的影响。一方面，股权相对集中，则控股股东的权力会过大，会导致控股股东侵害中小股东的行为发生。另一方面，股权结构的不合理不利于机构投资者参与到公司治理中来。由于机构投资者关注投资的回报，他们会将资金投放在从长远来看有收益的自主创新项目，企业也能够从机构投资者那里及时方便地获得自主创新所需要的资金。但是在这种不合理的股权结构下，机构投资者很难成为控股股东或相对控股股东，对上市家族企业自主创新的促进作用较小。

15.1.2　董事会功能弱化

董事会在公司治理结构中是公司治理发挥作用的基础，是由股东选举出的董事所构成的决策机构。董事会作为公司的所有者，或者作为股东目标和利益的代表者，其不但拥有管理决策的功能，还拥有对公司经营人员的监督功能。选择适合企业的自主创新项目、制定企业自主创新战略并进行相关的决策、监督经理层使得其公司或股东的目标利益保持一致、对经营管理者侵害公司或股东利益的行为及时予以纠正、从而维护公司的利益，这都是董事会工作职责的一部分。

　　由于我国上市家族企业的股权集中度高，家族绝对控股股东和大股东掌握公司的决策权和控制权，董事会由大股东控制，这样就使得董事会形式化，其功能无法得到发挥。再加上如果各个董事目标利益不同，旨在追求个人利益，而中小股东的意见又不能得到采纳，家族控股股东借机侵害中小股东利益的行为时有发生，所以企业的自主创新往往可能无法顺利地进行。虽然国家要求上市公司要设独立董事，但是独立董事比率低，有些企业设立独立董事并不是为了优化决策和平衡董事会制衡关系，而是迫于国家和法律的要求而设立的，还有企业是为了追求名人效应，有的是大股东聘任的维护自身利益的支持者，所以独立董事的独立性无法得到体现，又如何提出对企业自主创新有益的建议、监督控股股东或大股东避免其侵害公司或其他股东的利益呢？

　　随着董事会功能的部分弱化，以及董事会与经理层人员的重叠，导致经理层逐渐掌握了公司的决策权和控制权。随着经理层权利的日益膨胀，董事会反而成了经理层的傀儡，所以就无法维护公司的正常经营管理，无法保证公司和股东的利益。经营管理人员为了追求个人利益，往往会将企业资金投放在短期的项目上，而忽视对企业长期发展有益的自主创新项目。总之，董事会功能的弱化，则容易制约企业自主创新的发展。

15.1.3　激励机制不健全

　　如前文所述，自主创新具有高投入、高风险和长期性的特征，而研究与开发工作也是一项漫长的、高挫折感和高风险的工作。

　　对于经理层来说，他们由董事会任命，是对企业日常生产经营活动进行管理的经营管理者。由于董事会将管理控制权交给经理层，并不直接参与管理，而只是起监督的作用，所以易出现董事会与经理层之间的代理冲突问题。迫于财务指标的要求，经理层极有可能追求企业的短期绩效，将企业资金投放在时间较短和风险较小的自主创新的项目上，而忽略长期的、风险高的自主创新项目（即使这个项目能给企业带来可观的收益）。要想激发经理层对于自主创新的积极性，必须要建立有效的激励机制，使经理层与公司及股东的利益保持一致，这样才会有创新的动力。

对于企业的研发人员来说，面对着一个长期的、风险高的创新项目，而且创新很有可能达不到到预期的研发效果，甚至最终还有可能会失败的结果。在这样的压力和工作条件下，研发人员往往难以发挥出其对自主创新的积极性和技术才能。深入分析为什么我国上市家族企业研发人员没有很强的自主创新的积极性，主要原因是激励机制不完善。

首先，激励机制不健全。很多上市家族企业对经理层和研发人员取得的自主创新或研发成果并没有设置相应完善的激励机制。如果研发失败的话，还有可能会受到上级的"负向激励"，这样就更难激发研发人员的积极性和创新潜能了。

其次，激励机制系统性较差。对于自主创新的激励并不是仅仅指对研发部门的激励，还应该包括对上市家族企业内其他部门的激励。自主创新并不是研发部门单个部门的问题，它是一项系统的活动，需要企业全员的参与，需要各个部门的相互协作。上市家族企业的自主创新激励机制也需要将生产制造和市场等相关部门纳入进来，以激发其积极性和自主创新的动力。

最后，激励机制的可持续性较差。我国上市家族企业的绩效薪酬体系通常是较低的薪酬或奖赏，或者是对自主创新的最终成果进行阶段性奖励。古斯塔沃·曼索（Gustavo Manso，2010）认为这种激励机制对于企业的自主创新可能产生不利的影响。因为企业的自主创新是一个长期的过程，在自主创新之初应先将其成功的概率放一边，即使日后取得了成功，也还需要较长或很长的时间来完成其商业化过程。自主创新往往需要很长的一段时间来检验，并且企业的自主创新几乎没有可以模仿或借鉴的经验，在自主创新成功之前，经理层和研发人员就要面临着各种各样的风险和失败，其积极性容易受到打击。所以上市家族企业的激励机制将过程激励和结果激励结合起来，从自主创新策划、决策制定、项目实施到研发成果商业化的整个过程，都需要激励机制的作用，从而实现我国上市家族企业自主创新活动的不断循环和优化。

15.2　我国家族企业/民营企业自主创新的现状

由于数据收集的原因，单独有关我国上市家族企业自主创新的数据很少，故本课题以我国民营企业为对象进行分析。以此替换的理由是：在我国70%以上的民营企业中，有85.4%的民营企业是家族企业，家族企业成为了中国民营企业的主体。所以，从我国民营企业的自主创新的现状可以大致上推演出我国家族企业自主创新的现状。

15.2.1　我国民营企业自主创新的现状

自改革开放以来，随着民营企业的不断成长壮大，其自主创新能力也不断得到增强。全国85%以上的新产品设计、近4/5的技术创新和2/3以上的专利申请来自于民营企业。在一些高技术的民营企业中，其研发经费甚至高达10%，远远高于全国的平均水平。

我国民营企业的自主创新能力持续提高，这在《2016中国民营企业500强发布报告》中的数据中得到了印证。2015年，我国民营企业500强继续加强研发队伍的建设，有299家企业的研发人员超过3%，占比约60%，比2014年增加了6.4个百分点；研发费用的投入力度进一步加大，有178家企业的研发强度超过1%，占比达到35.6%，比2014年增加了2.6个百分点。在中国民营企业500强中，百度公司和华为投资控股有限公司的研发强度最高，分别达到了15.45%和15.09%。我国民营企业的自主创新能力不断提升，数据表明，2015年有389家企业的关键技术来源于自主开发和研究，占比达到77.8%，比2014年增加了2.2个百分点；专利申请的数量继续明显得到增加，国内专利总数由2014年的

136408 项增加到了 2015 年的 55313 项，增长了 13.86%，国际专利总数由 2014 年的 22921 项增加到了 2015 年的 26117 项，增长了 13.94%。

15.2.2 我国民营企业自主创新的特点

1. 民营企业的自主创新意识不断增强

根据国家知识产权局公布的数据，我国民营企业专利申请量呈逐年升高趋势，自 2005 年以来，年均增长率超过了 30%。在"十二五"期间，我国民营企业先后荣获国家科技进步一等奖 18 项、二等奖 120 余项。东部沿海地区已经形成了较为完备的以民营企业为主体的技术创新体系，吸引了大批研发机构、科研人员进驻民营企业，形成了企业投资—机构研发—专利申请—新产品上市的"企—研—产"一体化的协作模式。在民营企业家心目中自主创新的地位越来越重要，所以，有大批民营企业自觉加入到了自主创新的队伍中来。

2. 民营企业的产业结构和产业层次制约了自主创新

尽管我国民营企业的数量众多，但产业结构和产业层次不尽合理。从产业结构来看，当前我国民营经济呈现出"三二一"的特点：第三产业比重过大，且主要集中于餐饮、住宿、商业等行业；第二产业中建筑业占比偏高，先进制造业和现代服务业占比偏低；第一产业占比最低。从产业层次来看，我国民营企业的规模普遍偏小、实力偏弱，主要从事劳动密集型、能耗、高污染产品的生产，处于产业价值链的末端。从经营的产品来看，多属于低技术、低附加值的产品，缺少核心技术，市场竞争能力不高。所以，民营企业要在优化产业、产品结构上下功夫，需要通过自主创新实现各类资源的优化配置，从而实现产业结构的调整和产品结构的升级。

15.3 我国上市家族企业自主创新存在的问题

近些年来，尽管我国家族企业在自主创新的各个方面取得了一定的成效，但是由于我国特殊的经济环境和社会环境，想要推进家族企业自主创新实现质的飞跃和可持续发展，还存在着较多的问题。下面将结合课题组对调查问卷反馈的结果进行分析。问卷的调查对象是重庆、四川、江苏、浙江等四个省市的部分上市家族企业，针对 2017 年我国上市家族企业的公司治理和自主创新的情况进行了抽样调查，共收回问卷 53 份，收回的问卷填写完整，为有效的问卷。从问卷反馈的结果来看，我国上市家族企业自主创新存在着以下一些主要的问题：

15.3.1　部分企业家创新意识淡薄

决定企业成功的关键因素是企业家精神。企业家是企业创新的指挥者、决策者和组织者，企业家的创新意识和创新思维会直接影响到企业自主创新的成败。但是，受制于我国上市家族企业的企业家的自身素质，其缺乏技术背景，再加上对企业自主创新的认识不足，往往导致上市家族企业的企业家安于现状、不思进取，所以不愿意将资金用于企业的自主创新。此外，大部分上市家族企业的规模相对偏小，也使得企业家的风险规避意识很强，对企业的自主创新存在诸多的顾虑，不愿意也不敢承担自主创新的风险。

15.3.2　自主创新动力不足

由于自主创新具有高投入、高风险和长期性的特征，使得很多上市家族企业止步于创新的起点上。

首先，对自主创新的重视不够。本次问卷调查反馈的数据显示，53 个样本中有 49 家企业认为自主创新对于企业的生存发展有着非常深远的影响或者明显的影响。绝大多数企业了解到了自主创新的作用和意义，但是对其重视程度还不够。多数企业只局限于短期的经营效益，并没有完全考虑到企业的长远发展，所以即使知道应该自主创新，但很难付诸实践。

其次，组织领导的创新意识不强，缺乏鼓励自主创新的良好氛围。实际上，企业家或者领导层对于自主创新的支持和鼓励是企业自主创新取得成功的第一步，也是非常关键的一步。如果企业家或领导层不支持鼓励自主创新，自主创新的项目不能得以实施，则很难提高企业的自主创新能力。前面谈到过，我国领导非常支持企业的自主创新。在本次问卷调查中，在 53 家上市家族企业中，有 42 家上市家族企业在其高层领导中有专人负责自主创新的工作，但是多局限于风险较小的、稳健的渐进性创新。在突破性创新和重大创新方面，我国上市家族企业往往顾虑重重，其主要原因可能是因为我国企业家过于保守，规避风险的意识过强。

最后，自主创新成果的保护机制不完善。在我国，对知识产权的保护还不够完善，时常发生知识产权侵权、权属的纠纷案件，知识产权发明人、设计者和持有者的利益不能得到很好的保障，这对我国上市家族企业自主创新的积极性起到了一定的消极影响，本次问卷调查也证明了这一点。这就影响了我国家族企业进行自主创新的积极性，使得上市家族企业缺乏足够的积极性选择并实施自主创新的项目。

15.3.3 研发能力不足

我国上市家族企业同其他上市公司一样，也从最初的订单式外包生产，正逐步向自主研发转变，企业也逐渐加强对研究与开发的重视。但是，我国上市家族企业的研发能力仍然不强，存在着研发费用投入不足、研发成果水平不高和研发成果转化率较低等问题。

1. 研发经费投入不足

研发经费是企业自主研发的重要组成部分，也是企业自主研发投入水平的一个重要的评价指标。发达国家的经验表明，当研发经费的投入占到企业销售收入的 5% 以上时，企业才具有竞争力；若占比为 2%，该企业只能够勉强生存；若占比只有 1% 时，则该企业极难生存下去。2016 年，我国规模以上工业企业的 R&D 经费支出为 10944.7 亿元，比 2015 年增长了 9.3%；企业 R&D 经费投入强度（R&D 经费与主营业务收入的比值）仅为 0.94%。其中 1/5 的企业研发投入比例不超过 2%。就本次问卷调查反馈情况来看，约 50% 的上市家族企业的研发经费支出能够占到企业销售收入的 5% ~ 10% ，32% 的上市家族企业的研发支出占销售收入的比重低于 5% ，只能跟随别的企业定价，缺乏竞争优势。所以，如果与优秀的创新型企业相比，我国上市家族企业自主创新的研发投入显得不足。

2. 研发成果水平不高，研发成果转化率较低

我国大部分上市家族企业在进行研发项目的选择时，往往回避一些高风险的基础性研究项目，而注重那些风险很小的应用性开发项目，显得过于保守。这就导致了我国上市家族企业的基础性研究严重不足，核心技术缺乏，研发成果的水平不高，且研发成果转化率低。此次返回调查结果的 53 家上市家族企业年度专利申请量平均仅为 6 项。截至目前，每个企业平均拥有发明专利 5 项，获得市级科技成果奖 1 项，省级科技成果奖 1 项，国家科技成果奖平均不到 1 项，仅为 0.2 项。很明显地看出，我国上市家族企业的创新研究成果水平不高，转化率较低。

15.3.4 自主研发人才队伍建设不足

成功的自主创新依赖于自主创新过程中对新知识的整合和发展。知识是由人才带来的，所以对知识的整合和发展也是由人才来完成的。在当今竞争激烈的经济全球化时代，竞争的焦点在于技术的竞争，而技术的竞争归根结底也就是人才的竞争。本次问卷调查结果显示，在四个省市的上市家族企业中，从事研发的工作人员占职工人数的平均比重仅为 8.10% ，与我国的平均水平还有一段差距，与国外同类企业相比差距更大。这主要是因为我国上市家族企业对研发人才的重视不够，而将关注点过多地集中在了生产和销售部门。其以取得短期的经济利益为目标，忽视了企业的长远发展。

15.3.5 创新激励机制不完善

自主创新是一项需要长期投入的工作，且自主创新的成功概率较低、风险较大。面对自主创新的长期性、低成功率和高风险特征，需要企业研发人员的积极性和努力。如何激发企业研发人员自主创新的积极性，这也是企业自主创新激励机制所要解决的问题之一。

本次问卷调查结果显示，我国上市家族企业的自主创新激励机制不尽完善，主要有以下几个方面的表现：

首先，我国上市家族企业对研发部门的激励大多面向那些"短、平、快"的开发项目，对基础性的研究项目缺乏激励，这样就不利于上市家族企业选择长期性的自主创新项目。

其次，我国上市家族企业对自主创新进行激励的方式主要是以一次性项目奖励和岗位工资为主，这两种激励创新的方式是最传统、最基本的方式，但这两种激励方式缺乏持续性和系统性，也缺乏实时的激励。所以，自主创新项目商业化的最终成功难以反映到对研发部门的自主创新激励上。

最后，对创新活动的绩效考核体系不健全，大多数上市家族企业仍然是通过销售收入、产品维修率、财务指标来考核员工的自主创新活动，这是不够准确的。此次的问卷调查结果也反映出这些问题，大部分上市家族企业对于员工有价值的自主创新主要是通过一次性发放项目奖励和岗位工资这两种方式进行奖励，同时结合职位晋升、收益分享和重大新产品研制项目奖励等方式，总体上看，对自主创新的激励方式比较传统，缺乏实时激励。

15.3.6 缺乏创新协作与交流

在当今经济全球化的时代背景下，拓宽与外部交流合作的渠道是有效开展创新活动的前提。目前，我国上市家族企业的自主创新能力不强、知识积累不够、创新协作与交流缺乏，企业间及企业与科研机构之间还没有建立起一个合理有效的合作平台，也没有建立起交流协作的利益机制。虽然一些上市家族企业开始尝试了自主创新的交流合作，但由于缺乏完善的解决利益冲突的公平机制，其合作关系极不稳固。

综上所述，我国上市家族企业的自主创新一方面呈现出了稳定发展的态势，但另一方面也存在着诸多的问题。要推进我国上市家族企业的自主创新，提高我国家族企业的自主创新能力，解决这些问题是必经之路。

第 16 章

我国上市家族企业公司治理行为和
企业自主创新关系的实证分析

16.1 研究假设

16.1.1 决策监督机制

在第三章构建公司治理机制对自主创新影响的框架时，分析了决策监督机制、激励机制和约束机制对于自主创新我国上市家族企业的影响。下面从股东、董事会和监事会三个方面来探讨决策监督机制对我国上市家族企业自主创新的影响。

1. 股东

股东是企业的所有者，股东的利益也直接体现了企业的利益。股东所拥有的股权体现了股东的控制权和监督决策权，是影响企业自主创新的一个重要方面。企业股东或所有者的股权集中度高，他们便掌握整个企业的绝对控制权和监督决策权。股东可以处理董事会与经理层之间的代理冲突问题。如果董事会或经理层有违背公司利益或侵害股东利益的行为，股东大会完全可以罢免董事或经营管理者，而另外再聘用专业人员对公司的日常生产经营活动进行经营管理，此时，董事会与经理层之间的代理冲突可以忽略，而大股东与中小股东之间的代理冲突显得更为突出，因为，若中小股东的意见不能得到采纳，则大股东容易侵害中小股东的利益。如果股权结构分散，董事会成员的目标利益出现不一致，各个董事代表着不同的利益体，则统一的决策就会很难达成，董事之间的沟通和协调变得比较困难，经营管理者便会趁机掌握公司的控制权，反过来控制董事会，侵害公司和中小股东的利益。所以，股东必须要保持一定的股权集中度，才能保证其发挥公司治理的作用。

基于以上分析，提出假设 H1：

H1：股权集中度与我国上市家族企业的自主创新正相关。

2. 董事会

从涉及董事会的三个角度即董事会的规模、独立董事比例以及董事长与总经理两职兼任，其影响到企业的自主创新。本课题没有考虑董事长与总经理两职兼任的影响。因为在涉及本课题的样本企业中，绝大多数董事长与总经理是两职分离的，在董事长与总经理兼任这一方面基本相同，所以没有考虑董事长与总经理两职兼任的影响。

企业的实践表明：当董事会规模较小时，董事会的控制权较高，能够较好地体现股东的意愿和利益，能够从企业的长远发展和效益考虑，发挥其在战略决策上的主导作用，能够给企业的自主创新以正面积极的影响，但是大股东与中小股东之间的代理冲突问题会显现出来；当董事会规模较大时，有利于引入有才能及各种不同背景或专业知识的人才，这些人才能够在董事会的各项活动中提供有借鉴意义的意见或建议。

基于以上分析，提出假设 H2a：

H2a：董事会规模与我国上市家族企业的自主创新正相关。

董事会构成中存在一定比例的独立董事，有利于引进企业自主创新所需的专业技术知识，有利于客观公平地行使其监督权力，有利于提高董事会的决策效率，减少或避免大股东侵害中小股东利益的行为发生。同时，监督董事会和经理层的行为，使经理层与公司和股东的目标利益保持一致，减少或避免代理问题，并形成三者制衡的关系。

基于以上分析，提出假设 H2b：

H2b：独立董事在董事会中的比例与我国上市家族企业的自主创新正相关。

3. 监事会

主要从两个方面考虑监事会对企业自主创新的影响，即监事会的规模和职工监事在监事会中的比例。

监事会是公司中专门行使监督职能的机构，承担着对董事会和经理层的监督责任，监事会规模的扩大有利于引进各种专业技能人员，有利于其有效地监督和制衡大股东和中小股东、董事会和经理层之间的关系和冲突。

基于以上分析，提出假设 H3b：

H3a：监事会的规模与我国上市家族企业的自主创新正相关。

另外，《公司法》要求监事会中必须有一名职工代表监事，职工监事在监事会中的比重体现了公司是否能够体现基层职工的意愿。职工监事比重的增加，有利于实施监事会监督的职能，同时又能够带来基层职工对企业自主创新的意见和建议，对企业自主创新项目的选择、决策的制定以及自主创新的实施有着积极的作用。

基于以上分析，提出假设 H3b：

H3b：职工监事在监事会中的比例与我国上市家族企业的自主创新正相关。

16.1.2　激励机制

经营者是企业日常生产经营活动的管理者。由于董事会与经营管理者之间存在着代理冲突的问题，当经理层掌握了相当的控制权时，就会忽略公司和股东的目标利益，寻求短期的、风险较小的项目，而不选择高风险、成功率低的自主创新项目。所以，有效的激励机制能促使经营者进行自主创新，还能够减少或避免经理层侵害股东和公司利益的行为，减少代理冲突问题的产生。

基于以上分析，提出假设 H4：

H4：经营者激励与我国上市家族企业的自主创新正相关。

16.1.3　约束机制

1. 收购压力

前面分析过资本市场对企业自主创新的影响。在企业的外部公司治理中，证券市场是资本市场的重要组成部分，在证券市场中，兼并和收购时有发生，其对企业的发展有着重要的影响。企业为了发展或寻求规模的扩张，可能会选择收购其他的企业。面临收购的压力时，公司的所有者或股东会对经理层提出更高的要求。如果被兼并，企业的所有者或股东就会被更换，而经理层也会由新的董事会任命。为了维护自身的利益，经理层就会积极地进行自主创新，努力提升企业的价值，防止企业被兼并。

基于以上分析，提出假设 H5：

H5：收购压力与我国上市家族企业的自主创新正相关。

2. 竞争压力

产品市场是公司的外部治理中另一个比较重要的影响因素。企业处于竞争激烈的环境中，面临着市场上的竞争压力，企业要是想生存下来，必须提升企业自身的价值，形成并保持企业的核心竞争力，而这并不是靠短期见效快的项目可以达到的，企业只有通过自主创新才能保证在竞争中处于不败之地。竞争压力的存在能够激发企业进行自主创新的积极性，促进企业进行自主创新。

基于以上分析，提出假设 H6：

H6：竞争压力与我国上市家族企业的自主创新正相关。

16.1.4　企业负债水平和企业规模

本课题将企业负债水平和企业规模作为控制变量引入模型中。因为负债水平和企业规模都要影响到企业的类型及企业选择的项目，而且不同的企业因自身的情况不同，会对自主创新产生不同的影响。

自主创新是一项漫长的、需要一次性投入大量资金的活动，而且在经历长时间的尝试和努力后，自主创新成功的可能性也不高。如果以失败而告终，投入的资金就无法挽回。所以经营者考虑到企业的债务和财务目标，就会采取规避行为，选择那些短期的需要资金少、见效快的项目。所以企业的负债水平会对自主创新产生影响。当企业负债水平较高时，由于资金约束会限制其进行自主创新的活动；当企业负债水平较低时，对于经营者的盈利压力相对较小，经理层选择进行自主创新的可能性就会大一些。

基于以上分析，提出假设 H7：

H7：资产负债率与我国上市家族企业自主创新负相关。

企业规模的大小决定了企业可以筹集的资金数额。由于自主创新高投入、高风险的特征，所以企业要进行自主创新，就需要筹集大笔的资金。调查问卷反馈的结果显示，43 家企业自主创新项目的资金来源于企业的自有资金。规模大的上市家族企业资金相对雄厚，而规模偏小的上市家族企业则相对较难筹集资金。

基于以上分析，提出假设 H8：

H8：企业规模的大小程度与我国上市家族企业自主创新正相关。

16.2　数据来源与样本选择

我国上市家族企业进行自主创新完全是出于自愿，并不会有硬性规定或强制措施迫使其进行自主创新。而自主创新的投入及成果也没有要求在财务账目中体现出来，所以较少有上市家族企业对自主创新的相关信息进行报告。为了保证数据的真实性和可靠性，本课题的数据来源于上海、深圳证券交易所企业的定期报告中的 2016 年的年报，根据课题所需要的相关数据要求，剔除特殊处理的和缺失自主创新数据的股票，共搜集到 48 家报告了自主创新相关内容的上市家族企业数据作为样本。

16.3　研究方法和变量的选取

由于本课题研究的两个方面即公司治理行为与自主创新，都是难以量化的。所以，本课题结合 SPSS 多元统计分析软件和结构方程来进行分析。结构方程模型中有潜变量和显变量两类变量。我们将公司治理机制和自主创新作为潜变量，分别找到可以测量的能够表示公司治理机制和自主创新的显变量，并建立模型探讨两者的相关关系。

16.3.1 潜变量

潜变量即本课题的研究主题自主创新和公司治理机制，公司治理机制包括决策监督机制、激励机制和约束机制，所以总共有四个潜变量。设 F1 为自主创新，将公司治理机制分为三个方面，F2 为决策监督机制，F3 为激励机制，F4 为约束机制。然后寻找可以表示四个潜变量的显变量。

16.3.2 显变量

本课题一共设置了 13 个显变量，各变量情况汇总如表 16.1 所示。

这些变量分别是报告期内的研发比、专利申请量、技术人员比率、董事会规模、独立董事比例、监事会规模、职工监事比率、前五大股东比率、无限售流通股比例、主营业务增长率、高管平均年薪、资产负债率和企业规模。

表 16.1 变量汇总

变量名称	经济含义	表示的潜变量	计算方法
A1	研发比	自主创新	开发支出/主营业务收入
A2	专利申请量	自主创新	报告期内专利申请量
A3	技术人员比率	自主创新	专业技术人员/员工总数
A4	董事会规模	决策监督机制	董事会人数
A5	独立董事比率	决策监督机制	独立董事人数/董事会人数
A6	监事会规模	决策监督机制	监事会人数
A7	职工监事比率	决策监督机制	职工监事人数/监事会人数
A8	前五大股东比率	决策监督机制	前五大股东持股总数/总股数
A9	无限售流通股比例	约束机制	无限售流通股总数/总股数
A10	主营业务增长率	约束机制	主营业务年增长率

变量名称	经济含义	表示的潜变量	计算方法
A11	高管平均年薪	激励机制	高管年薪总数/高管人数
A12	资产负债率	控制变量	总负债/总资产
A13	企业规模	控制变量	总资产的自然对数

企业自主创新是通过研发比、专利申请量和技术人员比率来表示的。其中，企业自主创新的投入情况是通过研发比和技术人员比率来体现的，而企业自主创新的产出情况是通过专利申请量来体现的，其可以作为自主创新的创造性指标，并提供了独特的信息。

董事会的决策监督机制是通过显变量董事会规模和独立董事比例来代表的。

监事会的决策监督机制是通过显变量监事会规模和职工监事比率来代表的。

股东的决策监督机制是通过显变量前五大股东比率（股权集中度）来代表的。

无限售流通股比例表示的是公司外部治理中资本市场上的收购压力。这是因为，我国目前大部分上市公司的控股股东及其他大股东所有拥有的股份是不能在二级证券市场上自由交易或者存在限售条件的。若某上市公司控股股东持有的不可流通股份比率很高（例如超过50%），那么，该上市公司就可以完全规避来自于二级证券市场方面的接管和收购。进一步说，流通股比率越高，上市公司管理层面临的资本市场压力就越大，从而迫使他们努力工作，并最终有利于公司绩效的提高。本课题将其纳入约束机制中。

主营业务增长率代表产品市场上的竞争压力。从理论上说，在同行业相互竞争和其他条件不变的情况下，效率越高的上市公司会越容易取得较高的收入增长率。所以，本课题采用主营业务增长率来代表产品市场的竞争压力，并将其纳入约束机制中。

对于经理层的激励机制是通过显变量高管平均年薪来代表的。

控制变量有资产负债率（负债水平）和企业规模两个，企业不同的规模和负债水平会影响到企业的自主创新，本课题将其纳入约束机制中。

16.4 实证分析

16.4.1 相关性分析

1. 描述性分析

利用 SPSS 多元统计分析软件得出各变量的描述性统计如表 5.2 所示。由表 5.2 可以看出 48 家样本企业自主创新的基本状况。研发支出占销售收入的平均比例为 2.2%，最大值达到 53.17%，超过销售收入的一半。企业研发支出差异较大。年专利申请量平均值达到 16.03 项，技术人员占全体员工的平均比例为 19.43%，就自主创新的这三个指标来说，样本企业的研发投入较低，研发人员比例和专利成果水平要比调查问卷反馈的结果好一些。问卷调查研发人员的平均比率为 8.10%，专利的平均年申请量仅为 6 项。

另外，样本企业的公司治理情况我们也可以一目了然。董事会规模平均为 9.56 人，独立董事所占平均比重为 28.21%，达到国家法律规定的 1/3 的标准；监事会规模平均为 3.21 人，职工监事比率平均为 32.14%，同样达到国家对于职工监事比例的要求；高管平均年薪约为 26.61 万元，各企业对于高管的激励方式不同，薪酬差距较大。无限售流通股比率平均为 77.38%，负债比率平均为 44%。

表 16.2　　　　　　　　　　变量的描述性统计

变量名称	N	极小值	极大值	均值	标准差
研发比(%)	48	0.0000	53.1678	2.201158	6.3991924
专利申请量(项)	48	1.0000	29.0000	16.031846	42.2680591

续表

变量名称	N	极小值	极大值	均值	标准差
技术人员比率	48	0.0000	0.8451	0.194302	0.1708139
董事会规模(人)	48	5.0000	15.0000	9.265933	2.0672341
独立董事比率	48	0.3333	0.5714	0.282164	0.0648075
监事会规模(人)	48	3.0000	9.0000	3.209877	1.2760794
职工监事比率(%)	48	0.0000	0.6667	0.321369	0.1109168
高管平均年薪(万元)	48	7.1969	118.9704	26.610369	23.2160374
前五大股东比率	48	0.2072	1.0000	0.549162	0.1739836
无限售流通股比率	48	0.0000	1.0000	0.773775	0.2711092
主营业务增长率	48	−0.3247	0.8673	0.081244	0.2433956
资产负债率	48	0.0528	0.7603	0.441813	0.1840574
企业规模(元)	48	12.1858	21.0946	16.384081	1.4359508
有效的N(列表状态)	48				

2. 相关性分析

利用 SPSS 多元统计分析软件分析公司治理机制与企业自主创新的相关关系。将数据标准化，用 SPSS 相关性分析所得结果如表5.3所示。

从表5.3可以看出，A1 与 A4 变量在置信度 0.01 的水平上显著正相关。即研发比与董事会规模显著正相关，这部分验证了董事会规模与企业自主创新的关系。

A2 与 A8 变量在置信度 0.05 的水平上显著正相关，即专利申请量与前五大股东比率显著正相关。这表明对于股东的决策监督机制对于企业自主创新有促进作用。

表16.3
公司治理机制与上市家族企业自主创新相关关系

		A1	A2	A3	A4	A5	A6	A7	A8	A9	A10	A11
A1	相关性	1.000	0.053	0.125	0.238*	0.004	0.169	0.059	-0.045	0.004	0.021	0.116
A2	相关性	0.061	1.000	0.048	-0.117	0.202	-0.058	0.012	0.289**	0.128	-0.101	0.017
A3	相关性	0.136	0.048	1.000	0.039	-0.012	0.105	0.033	0.152	0.157	-0.028	0.100
A4	相关性	0.267*	-0.130	0.037	1.000	-0.181	0.477**	0.100	-0.140	-0.116	0.040	0.135
A5	相关性	0.004	0.207	-0.013	-0.180	1.000	-0.072	0.130	0.162	-0.034	-0.012	0.101
A6	相关性	0.172	-0.061	0.109	0.477**	-0.071	1.000	0.288**	-0.021	-0.066	0.019	0.172
A7	相关性	0.065	0.016	0.038	0.100	0.130	0.280**	1.000	0.005	0.155	0.064	0.107
A8	相关性	-0.044	0.319**	0.155	-0.140	0.161	-0.020	0.005	1.000	0.081	-0.004	0.022
A9	相关性	0.004	0.133	0.157	-0.114	-0.036	-0.066	0.155	0.081	1.000	-0.439**	-0.006
A10	相关性	0.021	-0.102	-0.029	0.044	-0.015	0.020	0.058	-0.003	-0.455**	1.000	-0.149
A11	相关性	0.122	0.018	0.100	0.136	0.106	0.166	0.109	0.026	-0.006	-0.149	1.000

注：＊＊表示在0.01水平上显著相关；＊表示在0.05水平上显著相关。

控制变量：A12 & A13

16.4.2　验证性因子分析

基于前面的假设，本课题建立的结构方程模型如图 16.1 所示（e1 ~ e13 为残差变量，反应结构方程中未能表示的部分）。将数据导入模型中得出的实证结果如表 16.4 所示：

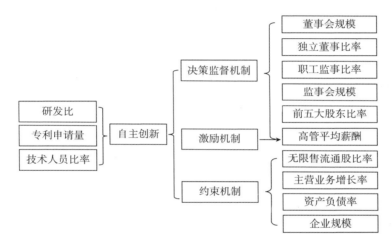

图 16.1　结构方程模型

注：e1 ~ e13 分别代表研发比、专利申请量、技术人员比率、董事会规模、独立董事比率、监事会规模、职工监事比率、前五大股东比率、无限售流通股比率、高管平均薪酬、主营业务增长率、资产负债率和企业规模。

表 16.4　　　　　　　模型回归系数（Regression Weights）

		Estimate	S. E.	C. R.	P
自主创新	约束机制	−0.080	0.085	−0.943	0.346
自主创新	激励机制	0.000	0.002	0.009	0.992
自主创新	决策监督	0.000	0.004	0.012	0.991
无限售流通股比率	约束机制	1.000			
主营业务增长率	约束机制	−0.121	0.178	−0.677	0.498
高管平均年薪	激励机制	1.000			
技术人员比率	自主创新	1.000			

续表

		Estimate	S. E.	C. R.	P
专利申请量	自主创新	3597.181	3766.851	0.955	0.340
研发比	自主创新	-0.619	37.470	-0.017	0.987
董事会规模	决策监督	1.000			
独立董事比率	决策监督	-0.001	0.007	-0.169	0.866
监事会规模	决策监督	1.812	1.371	1.322	0.186
职工监事比率	决策监督	0.042	0.016	2.606	0.009
资产负债率	约束机制	-0.215	0.144	-1.494	0.135
企业规模	约束机制	-5.837	1.368	-4.268	* * *
前五大股东比率	约束机制	-0.839	0.192	-4.361	* * *

注：* * *：p<0.001。

表16.5 标准化的模型回归系数 (Standardized Regression Weights)

		Estimate
自主创新	约束机制	-0.981
自主创新	激励机制	0.192
自主创新	决策监督	0.003
无限售流通股比率	约束机制	0.636
主营业务增长率	约束机制	-0.086
高管平均年薪	激励机制	5.248
技术人员比率	自主创新	0.082
专利申请量	自主创新	0.323
研发比	自主创新	0.001
董事会规模	决策监督	0.441
独立董事比率	决策监督	-0.017
监事会规模	决策监督	1.121
职工监事比率	决策监督	0.293
前五大股东比率	决策监督	-0.191
资产负债率	约束机制	-0.616
企业规模	约束机制	-0.832

模型的 DF = 63，CMIN = 84.266，CMIN/DF = 1.338，P 为 0.038，说明模型可以接受。另外 RMSEA = 0.065 < 0.08，NFI = 0.561 < 0.9，CFI = 0.813 < 0.9，表明模型的拟合程度不是很好，所以对结构方程模型进行修正。

因为资产负债率和主营业务增长率有较强的相关性，MI = 10.672，尝试去掉控制变量资产负债率，重新建立模型如图 16.2，得到的模型回归系数和标准化的回归系数如表 16.5、表 16.6 和表 16.7 所示。

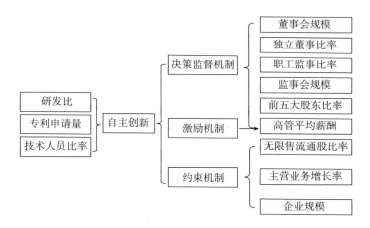

图 16.2 修正的结构方程模型

注：e1～e11 分别代表研发比、专利申请量、技术人员比率、董事会规模、独立董事比率、监事会规模、职工监事比率、前五大股东比率、无限售流通股比率、高管平均薪酬、主营业务增长率；e13 代表企业规模。

表 16.6　　　　修正模型的回归系数（Regression Weights）

		Estimate	S. E	O. C. R.	P
自主创新	约束机制	− 0.076	0.084	− 0.906	0.365
自主创新	激励机制	0.000	0.002	0.012	0.991
自主创新	决策监督	0.000	0.004	0.041	0.967
无限售流通股比率	约束机制	1.000			
主营业务增长率	约束机制	− 0.094	0.176	− 0.532	0.595

		Estimate	S. E	O. C. R.	P
高管平均年薪	激励机制	1.000			
技术人员比率	自主创新	1.000			
专利申请量	自主创新	3783.365	4135.012	0.915	0.360
研发比	自主创新	2.400	39.361	0.061	0.951
董事会规模	决策监督	1.000			
独立董事比率	决策监督	-0.001	0.007	-0.170	0.865
监事会规模	决策监督	1.816	1.376	1.319	0.187
职工监事比率	决策监督	0.042	0.016	2.606	0.009
企业规模	约束机制	-5.716	1.340	-4.264	＊＊＊
前五大股东比率	约束机制	-0.824	0.190	-4.329	＊＊＊

表 16.7 修正模型的标准化的模型回归系数（Standardized Regression Weights）

		Estimate
自主创新	约束机制	-0.977
自主创新	激励机制	0.214
自主创新	决策监督	0.011
无限售流通股比率	约束机制	0.645
主营业务增长率	约束机制	-0.067
高管平均年薪	激励机制	4.572
技术人员比率	自主创新	0.080
专利申请量	自主创新	0.331
研发比	自主创新	0.005
董事会规模	决策监督	0.440
独立董事比率	决策监督	-0.017
监事会规模	决策监督	1.122
职工监事比率	决策监督	0.293
企业规模	约束机制	-0.611
前五大股东比率	约束机制	-0.829

修正后的模型 DF = 52，CMIN = 60.444，CMIN/DF = 1.162，P = 0.197，模型可以接受。模型拟合指标 RMSEA = 0.045 < 0.05，NFI = 0.635 < 0.9，CFI = 0.915 > 0.9，IFI = 0.926 > 0.9，表明模型的拟合程度较好。

从模型统计结果来看：

假设 H1，前五大股东比率（即变量 A8）的回归系数为正，其与我国上市家族企业的自主创新呈现出显著的正相关关系，表明了假设 1 成立。说明随着股权集中度的增加，我国上市家族企业对自主创新越来越重视，从而促进了企业的自主创新，有利于提高企业自主创新的绩效。

假设 H2a，董事会规模（即变量 A4）的回归系数为正，表明了假设 2a 成立，但是两者的关系并不显著。随着董事会规模的扩大，我国上市家族企业的自主创新水平呈现出上升的趋势。

假设 H2b，独立董事比例（即变量 A5）与我国上市家族企业的自主创新没有显著的相关关系，假设 2b 不成立。可能是因为样本企业的独立董事会比例基本相同，多保持在 1/3 左右，所以独立董事比例影响的因素被抵消了。也可能由于本课题收集的样本数量较少，得出的统计结果有一定的偏差。

假设 H3a，监事会规模（即变量 A6）的回归系数为正，与预期符号相同，假设 3a 成立。表明监事会规模的扩大对于我国上市家族企业的自主创新有着积极的作用，能够更好地履行对企业自主创新的监督职能。

假设 H3b，职工监事比例（即变量 A7）与我国上市家族企业的自主创新呈显著正相关的关系，假设 3b 成立。表明职工监事比例越高，职工能够给上市家族企业自主创新带来更多的操作层的意见和建议，从而促进我国上市家族企业的自主创新。

假设 H4，高管平均薪酬（即变量 A11）的回归系数为正，与预期符号相同，假设 4 成立。表明对经理层的有效激励，能够更好地促进我国上市家族企业自主创新的实施。

假设 H5，无限售股份比例（即变量 A9）的回归系数为正，与预期符号相同，假设 5 成立。说明当并购市场的收购压力增大时，更能够激发我国上市家族企业进行自主创新。

假设 H6，主营业务收入增长率（即变量 A10）的回归系数为正，假设 6 成立。验证了竞争压力增大对上市家族企业的自主创新有促进作用。表明我国上市家族企业面对竞争压力时，更趋向于选择自主创新来提升企业的价值。

综上所述，本章搜集了 48 家上市家族企业的数据，采用 SPSS 多元统计分析软件分析了我国上市家族公司治理行为与企业自主创新的相关关系，结合结构方程模型，从决策监督机制、激励机制和约束机制三个方面，对我国上市家族企业自主创新的影响进行了实证分析，得出结论：我国上市家族公司治理机制的决策监督机制和激励机制能够促进企业的自主创新，而约束机制则对企业的自主创新有消极作用，限制约束的程度越高，越不利于我国上市家族企业的自主创新。

第 17 章

对策建议和未来研究展望

17.1 对策建议

17.1.1 树立自主创新意识，完善自主创新体系

企业自主创新的组织者和实施者是企业家，所以，企业家必须转变因循守旧的保守观念，树立自主创新的意识；另外，上市家族企业要从自身发展的模式出发，将技术创新与制度创新、管理组织创新结合起来，转变资源配置方式，创造新的生产经营方式，更新组织结构方式，从而构建起全方位、多层次的自主创新体系。

17.1.2 改善股权结构

股权结构是公司治理结构的基础。国内外的实践和研究表明，适度的股权集中有利于企业进行自主创新。股权集中度较高时，董事会易于监督和控制经营管理者，使经营管理者的利益与公司或者股东一致。但是股权过度集中，控股性股东就会依个人意愿进行决策，任命经理层，中小股东的利益往往容易受到侵害，决策制定完全由控股股东说了算，这样会对企业的自主创新有负面作用。当然，当股权过度分散时，各个董事代表了不同的利益主体，往往导致决策效率低下，各利益方难以达成一致的意见，对经理层的监督也变得薄弱，容易出现内部人控制的局面。我国上市家族企业的股权过于集中，存在股权结构不合理的状况，所以，只有改善我国上市家族企业的股权结构，调整股权集中度到合适

的程度，才能够促进上市家族企业的自主创新，提高自主创新的效率。

17.1.3 完善激励机制建设

自主创新自身的特征就制约了研发人员和经理层的创新积极性。自主创新是一个长期尝试的过程，完全要靠企业自己摸索，没有可以借鉴的经验。在这个过程中，上市家族企业需要一次性投入较多的资金，创新探索很有可能会面临失败，那么这笔项目资金就可能无法收回。所以，不管是经理层还是研发人员面临着较低的成功率与高风险性时，往往会望而却步。实际上，一般的绩效薪酬体制设计是通常以低的薪酬或低的奖赏鼓励创新，甚至还不给予鼓励，这种设计对于企业的自主创新是不利的。相较而言，最优的激励机制应该是鼓励企业的自主创新，对于早期呈现出失败但是长期能够成功的创新需要激励。在这种激励机制下，薪酬不仅取决于企业绩效的整体表现，也取决于企业绩效表现的整个过程。激励机制的设计也要结合阶段性激励和过程激励。在这种激励机制下，一个起初表现很好、但后来越来越差的经理人，其薪酬应该比起初表现不好、但后来表现越来越好的经理人要低得多，甚至比反反复复表现不好的经理人薪酬还要少一些。所以，一个长期的薪酬规划，工作的安全性以及绩效的及时反馈都是激励创新的重要因素。

17.1.4 提高董事会领导力

提高董事会领导力的目的并不仅仅是提高工作团队的效率（尽管有效的领导力可以起到这些作用），也不仅仅是为了增加股东的价值。更准确地说，提高董事会领导力的目的是：董事会凭借自己价值观的力量，使自己可以充分地按照这个价值观工作和生活，并改变周围的世界，从而使别人也可以遵循这个价值观生活得更好。提高董事会的领导力，就是要让董事会与经理层、企业内更广泛的员工对于自主创新达成一致的共识。这样由上而下，创新战略的制定、创新过程的组织实施、创新过程的控制到反馈都能够顺利地进行，并最终取得自主创新的成果。

17.1.5 加强与其他组织的多元化合作

首先，我国上市家族企业内部的创新活动要相辅相成。创新管理的重要任务是在创新过程中，优化整合企业内部和外部的知识，并能从各种创新活动互相之间的积极作用中获利。如果一个企业中的创新活动是相辅相成的，企业如果决定要做创新者，则要比做模仿者有更高的概率产生创新成果。若在创新战略中结合了不同的创新活动，企业只集中于某一项创新活动，不管这项创新活动是从事企业内部某方面的研发，还是在外部技术市场上购买技术等活动，如果缺乏互补的创新活动的支持，则企业自主创新成功的概率会较低。

其次，成功的自主创新往往依赖于创新过程中对新知识的整合和发展。当今，即使是最大的、技术上完全能够自给自足的组织仍然需要跨边界的知识。为了获得其他的知识来源，公司的创新战略会将各种创新活动相结合，除了进行企业内部的研发，还需要从事技术市场上知识的交易与合作，以及与其他公司和研究机构在研发上进行合作。对于上市家族企业创新的贡献来说，合作伙伴适度多元化的创新联盟要比几乎没有多元化的创新联盟多出13倍之多，与高度多元化的创新联盟相比超过3倍之多。这一发现表明：对于上市家族企业创新而言，合作伙伴的适度多元化是十分有利的，甚至是必需的。

17.1.6 选择合适的创新模式

企业自主创新主要涉及两种模式：完全自主创新模式和模仿创新模式。完全自主创新模式是指企业通过自己的团队开发，形成完全掌握核心技术和自主知识产权的全新产品，包括新产品开发、新工艺设计、新生产方式研究和经营管理模式创新全过程，其他企业在短期内无法简单复制。模仿创新模式是指先通过模仿，逐步进行各生产环节的创新，是在系统学习先进企业的创新方法、工艺和制造技术的基础上，结合自身特点对产品设计和生产工艺进行改进和完善，直至推出具有自身特色的新产品。完全自主创新模式需要企业在研发阶段投入大量的资源，回报周期长、风险大，但产品一旦开发出来，短期内在市场上将无法替代！模仿创新模式规避了新产品开发前期的巨额投入和较大风险，投资小、见效快，有利于企业培养创新研发队伍。我国上市家族企业在选取创新升级模式时，要结合自身特点：技术落后、规模较小的企业宜采用模仿创新模式；技术先进、规模较小的企业，宜采用以完全自主创新模式为主、模仿创新模式为辅的方式；技术先进的大型企业，可采用完全自主创新模式。

17.1.7　制度创新助力二次创业

当前，较多的上市家族企业，其经营管理容易受到家庭成员的干扰，其产权结构往往不明晰，货币资本与人力资源也不能实现有效的结合。随着市场经济的不断发展，资本社会化特征日益突出，导致企业管理层出现管理革命和经理革命，从而有利于上市家族企业摆脱家族制企业的制约，使管理、资本和技术完美地实现组合。资本社会化的具体实践就是股份制和公司制，其有效地克服了合伙制和家族制的弊端，激发了企业发展的潜能。走股份制和公司制的道路，这是今后家族企业发展的必由之路，其中就涉及管理制度和产权制度的创新。

17.1.8　技术创新稳定驱动上市家族企业的长期发展

技术创新是企业运用新技术、新工艺不断改进优化经营管理模式和生产方式、开发新产品和提供新服务的市场行为。在竞争日趋激烈的市场环境中，只有通过技术创新，才能为上市家族企业持续稳定的发展提供源源不断的动力。通过技术创新可以不断重组生产要素和生产条件，并实现两者的最优匹配；通过技术创新也可以提升产品的质量、降低生产的成本、完善产品的功能，不断巩固和扩大企业的竞争优势，使上市家族企业始终能够立于不败之地。技术创新也是转变企业增长方式、促进产业升级的重要途径，通过技术创新，可以实现上市家族企业的产品结构和产业结构的优化，实现产品由低端向高端的转变，实现产业结构由劳动密集型向资本密集型产业的转变。技术创新还有利于培养上市家族企业的核心竞争力，形成其自主品牌和核心技术，从而增强上市家族企业抵御市场风险的能力。

17.2 未来研究展望

现今我国处于经济转型的关键时期，改变传统的劳动密集型和资源依赖型的经济发展模式，寻求可以促进经济可持续发展的方式迫在眉睫。只有通过全世界的共同努力，通过国家内部各个组织机构的协同合作，才能实现经济的可持续发展。经济发展的主体是企业，企业实现了可持续的发展，则意味着国家经济便能够实现可持续的发展。而企业要实现可持续的发展，其根本途径是自主创新。通过组织自身的学习与研发活动，掌握本领域的核心技术并形成自主的知识产权，才是企业实现可持续发展的根本途径。所以，如何推进企业的自主创新便成为国内外学者研究的热点之一。公司治理机制是企业得以运转的内在决定机制，公司治理贯穿企业战略的制定、生产经营过程的控制、资源的分配等各个阶段，从根本上决定了企业以何种方式发展并如何发展。既然企业发展的根本途径是自主创新，那么公司治理必然会涉及企业如何进行自主创新及怎样进行自主创新才能更有效率的问题。

本书的研究成果为进一步深入研究我国上市家族企业的公司治理机制和自主创新提供了理论和实证上的参考。但是目前仍处于初始研究阶段，在后续的研究中还有许多工作需要进一步深化，比如：如何选取更准确的指标来量化上市家族企业的自主创新和公司治理机制；如何获得大量真实可靠的数据来进行实证分析；等等，这些都需要在未来的研究中进行思考。

附　录

附录一：福布斯 2017 年中国上市家族企业排行榜（前 50 位）

排序	企业简称	控制家族	2016 年营业总收入（亿元）	总市值 2017 – 06 – 30（亿元）
1	中国恒大	许家印家族	2127.6	1835.7
2	美的集团	何享健家族	1598.4	2793.1
3	碧桂园	杨惠妍家族	1531.2	1931.3
4	比亚迪	王传福家族	1034.7	1286.1
5	国美电器	黄光裕家族	782.5	207.9
6	九州通	刘宝林家族	615.6	365.6
7	新希望	刘永好家族	608.8	346.6
8	温氏股份	温鹏程家族	593.6	1223.7
9	世茂房地产	许荣茂家族	593.3	452.5
10	龙湖地产	吴亚军家族	548.8	986.9
11	飞马国际	黄壮勉家族	521.6	166.9
12	永辉超市	张轩松家族	492.3	677.6
13	雅居乐集团	陈卓贤家族	467.7	280.1
14	荣盛石化	李水荣家族	455	372.4
15	创维数码	黄宏生家族	382.6	147.6
16	新奥能源	王玉锁家族	342	509.5
17	恒逸石化	邱建林家族	324.2	234.7
18	玖龙纸业	张茵家族	322.6	486.1
19	金科股份	黄红云家族	322.4	349.5
20	荣盛发展	耿建明家族	306.2	429.2

排序	企业简称	控制家族	2016 年营业总收入 （亿元）	总市值 2017－06－30 （亿元）
21	新城发展控股	王振华家族	282.6	168.6
22	欧菲光	蔡荣军家族	267.5	493.4
23	桐昆股份	陈士良家族	255.8	170.7
24	环旭电子	张洪本家族	239.8	341.8
25	三一重工	梁稳根家族	232.8	622.6
26	保利协鑫能源	朱共山家族	223.2	158
27	旭辉控股集团	林峰家族	222.6	236.6
28	康美药业	马兴田家族	216.4	1075.4
29	天能动力	张天任家族	215.1	72.2
30	超威动力	周明明家族	214.8	51.0
31	中天科技	薛济萍家族	211.1	369.5
32	通威股份	刘汉元家族	208.8	216.6
33	龙光地产	纪海鹏家族	205.5	283.1
34	大明国际	周克明家族	205.5	39.6
35	正泰电器	南存辉家族	201.6	428.8
36	东华能源	周一峰家族	199.8	176.7
37	信利国际	林伟华家族	197.7	78.5
38	金螳螂	朱兴良家族	196.0	290.2
39	阳光城	吴洁家族	196.0	235.7
40	歌尔股份	姜滨家族	192.9	625.7
41	润东汽车	杨鹏家族	182.9	39.8
42	海亮股份	冯海良家族	180.0	137.7
43	金发科技	袁志敏家族	179.9	163.8
44	达利食品	许世辉家族	178.9	613.5
45	佳兆业集团	郭英成家族	177.7	126.9
46	新凤鸣	庄奎龙家族	174.8	217.8
47	中国联塑	黄联禧家族	172.4	186.1
48	中国忠旺	刘忠田家族	168.3	186.9
49	福耀玻璃	曹德旺家族	166.2	652.8
50	鄂尔多斯	王林祥家族	165.9	89.4

附录二：西部上市家族企业样本（名单）

序号	代码	简称	序号	代码	简称
1	600145	四维控股	22	300028	金亚科技
2	600565	迪马股份	23	000809	中汇医药
3	002004	华邦制药	24	600137	浪莎股份
4	300006	莱美药业	25	600321	国栋建设
5	001696	宗申动力	26	002023	海特高新
6	300122	智飞生物	27	600331	宏达股份
7	000510	金路集团	28	000835	四川圣达
8	000584	友利控股	29	002480	新筑股份
9	000586	汇源通信	30	002497	雅化集团
10	000593	大通燃气	31	000415	汇通集团
11	000803	金宇车城	32	600256	广汇股份
12	000876	新希望	33	600337	美克股份
13	002253	川大智胜	34	000159	国际实业
14	002259	升达林业	35	002207	准油股份
15	002272	川润股份	36	002524	光正钢构
16	002312	三泰电子	37	600089	特变电工
17	002366	丹甫股份	38	600888	新疆众和
18	002422	科伦药业	39	600869	三普药业
19	002466	天齐锂业	40	000982	中银绒业
20	600093	禾嘉股份	41	002457	青龙管业
21	300022	吉峰农机	42	000812	陕西金叶

续表

序号	代码	简称	序号	代码	简称
43	600185	海星科技	61	000703	世纪光华
44	000516	开元投资	62	000716	南方食品
45	300023	宝德股份	63	600252	中恒集团
46	300103	达刚路机	64	002175	广陆数测
47	300116	坚瑞消防	65	002166	莱茵生物
48	000752	西藏发展	66	002275	桂林三金
49	600221	西藏药业	67	002329	皇氏业
50	002287	奇正藏药	68	600311	荣华实业
51	600749	西藏旅游	69	000929	兰州黄河
52	000560	昆百大 A	70	600091	明天科技
53	000667	名流置业	71	000611	时代科技
54	600422	昆明制药	72	000683	远兴能源
55	600112	长征电气	73	600277	亿利能源
56	000540	中天城投	74	300049	福瑞股份
57	002390	信邦制药	75	300092	科新机电
58	600594	益佰制药	76	600338	珠峰摩托
59	000806	银河科技	77	600804	鹏博士
60	000662	索芙特	78	600847	ST 渝万里

参考文献

［1］安灵，刘星，白艺昕．股权制衡、终极所有权性质与上市企业非效率投资［J］．管理工程学报，2008（2）．

［2］白瑷峥．民营企业自主创新的问题及对策研究［J］．生产力研究，2011（6）．

［3］陈隆，张宗益，杨雪松．上市企业公司治理结构对技术创新的影响［J］．科技管理研究，2005（9）．

［4］陈劲．从技术引进到自主创新的学习模式［J］．科研管理，1994（2）．

［5］陈晓红，尹哲，吴旭雷．金字塔结构、家族控制与企业价值：基于沪深股市的实证分析［J］．南开管理评论，2007（10）．

［6］陈凌，叶长兵，鲁莉劼．中国家族上市公司最终所有权、控制权及其分离：基于不同上市方式的比较分析［J］．浙江社会科学，2009（5）．

［7］陈德球等．政府治理、控制权结构与投资决策——基于家族上市公司的经验证据［J］．金融研究，2012（3）．

［8］程仲鸣，夏银桂·控股股东、自由现金流与企业过度投资［J］．经济与管理研究，2009（2）．

［9］党印，鲁桐．《企业的性质与公司治理：一种基于创新的治理理念》［J］．《制度经济学研究》2012（4）．

［10］方红星，刘淑花．盈余管理与企业债务期限［J］．财经问题研究，2017（5）．

［11］冯根福，温军．中国上市公司治理与企业技术创新关系的实证

分析 [J]. 中国工业经济, 2008 (7).

[12] 冯旭南, 李心愉. 终极所有权和控制权的分离: 来自中国上市公司的证据 [J]. 经济科学, 2009 (2).

[13] 华锦阳. 试论公司治理对企业自主创新的影响 [J]. 自然辩证法通讯, 2002 (1).

[14] 高燕. 所有权结构、终极控制人与盈余管理 [J]. 审计研究, 2008 (6).

[15] 高荣. 家族企业股权集中度与盈余管理 [J]. 经济研究导刊, 2017 (2).

[16] 谷祺, 邓德强, 路倩. 现金流量权与控制权分离下的公司价值——基于我国家族上市公司的实证研究 [J]. 会计研究, 2006 (4).

[17] 韩志丽, 杨淑娥, 史浩江. 民营金字塔企业终极所有者融资约束与非效率投资行为研究 [J]. 中国管理科学, 2007 (5).

[18] 韩亮亮, 李凯. 控制权、现金流量权与资本结构: 一项基于我国民营上市公司面板数据的实证分析 [J]. 会计研究, 2008 (8).

[19] 韩亮亮, 李凯. 民营上市公司终极股东控制与资本结构决策 [J]. 管理科学, 2007 (5).

[20] 韩丹, 王磊, 何昕懋. 参股银行、终极控制人与公司投资行为 [J]. 统计与信息论坛, 2016 (2).

[21] 胡科. 张宗益. 终极控制权与现金流量权偏离下的公司价值: 基于我国民营上市公司的实证研究 [J]. 技术经济, 2010 (4).

[22] 李云鹤, 李昱. 法律保护、非国有股权与企业创新——基于战略性新兴产业的实证研究 [J]. 当代经济科学, 2018 (1).

[23] 李维安, 武立东. 公司治理教程 [M]. 上海: 上海人民出版社, 2002.

[24] 李文贵, 余明桂. 民营化企业的股权结构与企业创新 [J]. 管理世界, 2015 (4).

[25] 李小军, 王平心. 终极控制权、股权结构与资本结构 [J]. 山西财经大学学报, 2008 (5).

［26］李青原，陈超. 最终控制人性质、会计信息质量与公司投资效率：来自中国上市公司的经验数据［J］. 经济评论，2010（2）.

［27］刘芍佳，孙霈，刘乃全. 终极产权论、股权结构及公司绩效［J］. 经济研究，2003（4）.

［28］刘志远，毛淑珍，乐国林. 政府控制、终极控制人与上市公司债务期限结构［J］. 当代财经，2008（1）.

［29］刘伟，刘星. 隧道行为与盈余管理：基于我国家族上市公司的实证研究［J］. 南方经济，2007（11）.

［30］刘井建，付杰，纪丹宁. 政治关联、债务期限与公司投资效率——基于民营上市公司的 DIF – GMM 与 SYS – GMM 检验［J］. 现代财经，2017（1）.

［31］鲁桐，党印. 公司治理与技术创新：分行业比较［J］. 经济研究，2014（6）.

［32］马东生，陈国荣. 从公司治理系统分析公司治理结构与公司治理机制的关系［J］. 当代经济管理，2005（3）.

［33］彭文伟，冉茂盛，周姝. 最终控制权、现金流量权与上市公司过度投资［J］. 软科学，2009（12）.

［34］冉茂盛，彭文伟，黄凌云. 现金流量权与控制权分离下的企业 R&D［J］. 科学学与科学技术管理，2010（1）.

［35］任冷. 公司治理的内部机制和外部机制［J］. 南开经济研究，1999（3）.

［36］邵春燕. 终极控制股东对企业盈余可靠性影响的实证研究：依据 2005～2008 年中国制造业上市公司的数据［J］. 审计与经济研究，2010（1）.

［37］宋巨生. 终极控制权结构对企业投融资行为及其绩效影响的研究——基于民营上市公司样本的实证［D］. 华东师范大学，2016（4）.

［38］孙健. 终极控制权与资本结构的选择：来自沪市的经验证据［J］. 管理科学，2008（2）.

［39］苏坤，张俊瑞. 终极控制权与资本结构决策［J］. 管理学报，

2012（3）.

［40］苏忠秦，黄登仕．家族控制、两权分离与债务期限结构选择——来自中国上市公司的经验证据［J］．管理评论，2012（7）.

［41］孙晓琳．终极控股股东对上市公司投资影响的实证研究［J］．山西财经大学学报，2010（6）.

［42］苏启林，朱文．上市公司家族控制与企业价值［J］．经济研究，2003（8）.

［43］佟岩，王化成．关联交易、控制权收益与盈余质量［J］．会计研究，2007（4）.

［44］王俊秋，张奇峰．终极控制权、现金流量权与盈余信息含量：来自家族上市公司的经验数据［J］．经济与管理研究，2007（12）.

［45］王鹏，周黎安．控制股东的控制权、所有权与公司绩效：基于中国上市公司的证据［J］．金融研究，2006（2）.

［46］王明琳，陈凌，叶长兵．中国民营上市公司的家族治理与企业价值［J］．南开管理评论，2009（2）.

［47］王永海，石青梅．企业内部控制缺陷披露的盈余信息含量检验［J］．统计与决策，2016（9）.

［48］王玉春，姚凯丽．职业经理人引入对公司非效率投资的影响——基于上市家族企业的数据［J］．南京审计大学学报，2017（1）.

［49］王怀宇．公司治理结构视角下的企业技术创新行为研究［D］．北京：北京交通大学，2006.

［50］王昌林．基于公司治理机制的企业自主创新行为研究［D］．重庆大学，2004（3）.

［51］吴敬琏．建立有效的公司治理结构［J］．天津社会科学，1996（1）.

［52］夏冬．企业治理与企业创新：所有权结构、经营者特征与企业创新的关系研究［D］．西安交通大学，2003.

［53］谢燮正．科技进步、自主创新与经济增长［J］．软件工程师，1995（5）.

［54］徐金发，刘翌．企业治理结构与技术创新［J］．科研管理，2002（4）．

［55］许永斌，郑金芳．中国民营上市公司家族控制权特征对公司绩效实证研究［J］．会计研究，2007（11）．

［56］严若森，张志健．家族超额控制对企业投资效率的影响研究——基于社会情感财富的分析视角［J］．武汉大学学报（哲学社会科学版），2016（3）．

［57］闫华红，王安亮．终极控制人特征对资本结构的影响——基于中国上市公司的经验证据［J］．经济与管理研究，2013（2）．

［58］叶勇，胡培，谭德庆，黄雷．控制权和现金流量权偏离下的公司和公司治理［J］．管理工程学报，2007（1）．

［59］叶勇，刘波，黄雷．终极控制权、现金流量权与企业价值［J］．管理科学学报，2007（2）．

［60］于骥，宋海霞．公司治理与企业技术创新的关系探析［J］．2009（7）．

［61］张扬．公司治理结构对企业技术创新的影响研究［R］．西北大学，2009．

［62］张栋．终极控制人、负债融资与企业非效率投资［J］．中国管理科学，2009（6）．

［63］中国企业评价协会．中国企业自主创新评价报告（2009）［M］．北京：中国经济出版社，2009（7）．

［64］甄红线，史永东．终极所有权结构研究——来自中国上市公司的经验证据［J］．中国工业经济，2008（8）．

［65］周颖，艾辉．金字塔结构、终极股东控制与资本结构——基于中国上市家族企业面板数据的实证研究［J］．软科学，2011（1）．

［66］朱允卫，章舒心．2011民营企业自主创新面临的主要障碍及其对策［J］．科技创业，（7）．

［67］Baysinger B D, Kosnik R D, Turk T A. Effects of Board and Ownership Structure on Corporate R&D Strategy［J］. *Academy of Management*

Journal, 1991 (34): 205 – 214.

[68] Berle A, Means G. *The modern corporation and private property* [M]. MacMillan, New York, N. Y, 1932.

[69] Bozec Y, Laurin C. Large Shareholder Entrenchment and Performance: Empirical Evidence from Canada [J]. *Journal of Business Finance & Accounting*, 2008. 35 (1) & (2): 5 – 49.

[70] Claessens S, Djankov S, Lang L H P. The separation of ownership and control in East Asian corporations [J]. *Journal of Financial Economics*, 2000. 6 (58): 81 – 112.

[71] Tiations: Evidence from TIAA – CREF [J]. *The Journal of Finance*. 53 (4): 1335 – 1362.

[72] De Angelo, Harry, Linda De Angelo. Managerial Ownership of Voting Rights, a Study of Public Corporation with Dual Classes of Common Stock [J]. *Journal of Financial Economics*, 1985. 4 (14): 33 – 69.

[73] Demsets H, Lehn K. The Structure of Corporate Ownership: Causes and Consequences [J]. *Journal of Political Economy*, 1985. 9 (12): 893, 1155 – 1177.

[74] DuJulan, DaiYi. Ultimate corporate ownership structure and capital structures: evidence from East Asian economies [J]. *Corporate Governance*, 2005. 13 (1): 60 – 71.

[75] Faccio M, Lang L H P, Young L. Dividends and expropriation [J]. *American Economy Review*, 2001. 6 (91): 54 – 78.

[76] Faccio M, Lang L H P. The ultimate ownership of Western Europeancorporations [J]. *Journal of Financial Economics*, 2002. 5 (65): 365 – 395.

[77] Faccio M, Lang L H P. The Separation of Ownership and Control: An Analysis of Ultimate Ownership in Western European Countries [J]. *Journal of Financial Economics*, 2002. 3 (65): 365 – 395.

[78] Fama E F, Jensen M. Separation of ownership and control [J].

Journal of Law and Economics, 1985. 26（2）：301 - 326.

［79］ Francesca Visintin, Andrew Tylecote. Post-bubble corporate governance and innovation ［R］. University of Udine, University of Sheffield Management School, Discussion Paper, 2003.

［80］ Hansen G. S, Hill C W L. Are institutional investors myopic? A time - series study of four technology - driven industries ［J］. *Strategy Management Journal*, 1991（12）：1 - 16.

［81］ Hoffman R. C, Hegarty W. H. Top management influence on innovations：effects of executivecharacteristics and social culture ［J］. *Journal of Management*, 1993（19）：549 - 574.

［82］ Jensen M, Meckling W. Theory of the Firm：Managerial Behavior. Agency and Ownership Structure ［J］. *Journal of Financial Economies*, 1976（3）：305 - 360.

［83］ Kalcheva I, Lins K V. International evidence on cash holdings and expected managerial agency problems ［J］. *The Review of Financial Studies*, 2007. 6（20）：1087 - 1112.

［84］ La Porta R, Lopez-De-Silanes F, Shleifer A. Corporate ownership around the world ［J］. *Journal of Finance*, 1999. 5（54）：471 - 517.

［85］ Mayer C. Corporate Governance, Competition and Performance ［R］. OECD Economics Department Working Paper. Paris：OECD, 1996. （81）：164 - 168.

［86］ Manso G. Motivating Innovation ［J］. *The Journal of Finance*, http：//ssrn. com/ abstract, 2010.

［87］ Miozzo M, Dewick P. Building competitive advantage：innovation and corporate governance in European construction ［J］. *Research policy*, 2002 （31）：989 - 1008.

［88］ Morck, Shleifer A. Management ownership and market valuation. An empiric alanalysis ［J］. *Journal of Financial Economics*, 1988. 2 （20）：293 - 315.

[89] Nakahara T. Innovation in a borderless world economy [J]. *Research Technology Management*, 1997 (40): 7 – 9.

[90] Opler T, Pinkowitz L, Stulz R, Williamson R. The determinants and implications of cash holdings [J]. *Journal of Financial Economics*, 1999. 6 (52): 3 – 46.

[91] Rainer A, Franco N. Endogenous Innovation Waves and Economic Growth [J]. *Structural Change and Economic Dynamics*, 2005 (3): 1 – 18.

[92] Shleifer A, Vishny R. Large shareholders and corporate control [J]. *Journal of Political Economy*, 1986. 2 (94): 461 – 488.

[93] Shaker A, Zahra. Governance, Ownership and Corporate Entrepreneurship: The Moderating Impact of Industry Technological Opportunities [J]. *The Academy of Management Journal*, 1996 (39): 1713 – 1735.

[94] Wolfenzon D. A theory of pyramid ownership [D]. Working Paper, University of Michigan Business School, 1999.

[95] Young, Ahlstrom, Bruton, Jiang Y. Corporate Governance in Emerging Economies: AReview of the Principal-principal Perspective [J]. *Journal of Management Studies*, 2008. 45 (1): 196 – 220.